Début d'une série de documents
en couleur

Friedrich Hebbel's
sämmtliche Werke.

Fünfter Band.

Hamburg.
Hoffmann und Campe Verlag.

Friedrich Hebbel's sämmtliche Werke

in 12 Bänden 8° à 1 Mark.

I. Bd. Judith. — Genoveva.
II. „ Diamant. Maria Magdalena. Trauerspiel in Sicilien. — Julia.
III. „ Herodes und Mariamne. — Rubin. Michel Angelo.
IV. „ Agnes Bernauer. Gyges und sein Ring.
V. „ Nibelungen.
VI. „ Demetrius. Fragmente.
VII. „ Gedichte.
VIII. „ Nachgelassene Gedichte und Epigramme. Mutter und Kind.
IX. „ Schnock. — Novellen. Reiseeindrücke.
X. „ Zur Theorie der Kunst. — Charakteristiken.
XI. u. XII. „ Kritiken. — Literaturbriefe. — Literar. Aufsätze.

Herr Oberlehrer J. H. Krumm in Kiel ist von der Familie Hebbel's mit der Herausgabe betraut und wird hierangeschlossen eine biographische Skizze und Erläuterungen veröffentlichen.

Hoffmann & Campe Verlag.

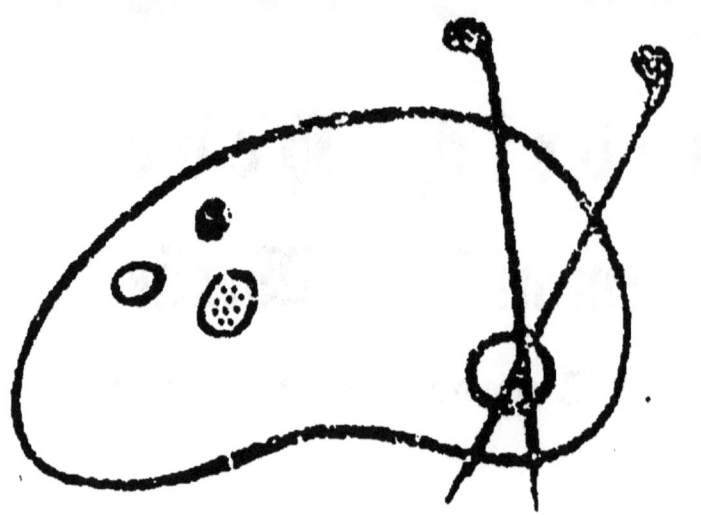

Fin d'une série de documents en couleur

Friedrich Hebbel's sämmtliche Werke.

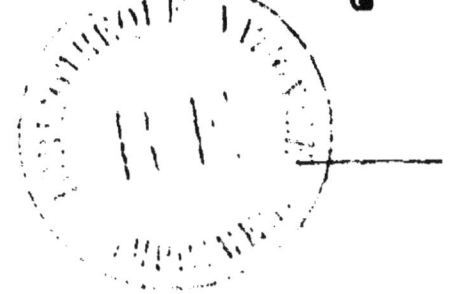

Fünfter Band.

Die Nibelungen.

Hamburg.
Hoffmann und Campe Verlag.
1891.

Inhalt.

Die Nibelungen.

	Seite
Der gehörnte Siegfried	5
Siegfried's Tod	87
Kriemhild's Rache	135
Anmerkungen	261

Die Nibelungen.

Ein deutsches Trauerspiel in drei Abtheilungen.

1855—1860.

Meiner Frau

Christine Henriette,

geb. Engehausen.

Ich war an einem schönen Maientag,
Ein halber Knabe noch, in einem Garten
Und fand auf einem Tisch ein altes Buch.
Ich schlug es auf, und wie der Höllenzwang,
Der, einmal angefangen, wär' es auch
Von einem Kindermund, nach Teufelsrecht,
Trotz Furcht und Grau'n, geendigt werden muß,
So hielt dieß Buch mich fest. Ich nahm es weg
Und schlich mich in die heimlichste der Lauben
Und las das Lied von Siegfried und Kriemhild.
Mir war, als säß' ich selbst am Zauberborn,
Von dem es spricht: die grauen Nixen gossen
Mir alle ird'schen Schauer durch das Herz,
Indeß die jungen Vögel über mir
Sich lebenstrunken in den Zweigen wiegten
Und sangen von der Herrlichkeit der Welt.
Erst spät am Abend trug ich starr und stumm
Das Buch zurück, und viele Jahre floh'n
An mir vorüber, eh' ich's wieder sah.
Doch unvergeßlich blieben die Gestalten
Mir eingeprägt, und unauslöschlich war
Der stille Wunsch, sie einmal nachzubilden,
Und wär's auch nur in Wasser oder Sand.
Auch griff ich oft mit halb beherztem Finger,
Wenn etwas And'res mir gelungen schien,
Nach meinem Stift, doch nimmer fing ich an.
Da trat ich einmal in den Musentempel,
Wo sich die bleichen Dichterschatten röthen,
Wie des Odysseus Schaar, von fremdem Blut.
Ein Flüstern ging durch's Haus, und heil'ges Schweigen
Entstand sogleich, wie sich der Vorhang hob,
Denn Du erschienst als Rächerin Kriemhild.
Es war kein Sohn Apoll's, der Dir die Worte

Gesehen hatte, dennoch trafen sie,
Als wären's Pfeile aus dem gold'nen Köcher,
Der hell erklang, als Typhon blutend fiel.
Ein lauter Jubel scholl durch alle Räume,
Wie Du, die fürchterlichste Qual im Herzen,
Und grause Schwüre auf den blassen Lippen,
Dich schmücktest für die zweite Hochzeits-Nacht;
Das letzte Eis zerschmolz in jeder Seele
Und schoß als glüh'nde Thräne durch die Augen,
Ich aber schwieg und danke Dir erst heut.
Denn diesen Abend ward mein Jugendtraum
Lebendig, alle Nibelungen traten
An mich heran, als wär' ihr Grab gesprengt,
Und Hagen Tronje sprach das erste Wort.
D'rum nimm es hin, das Bild, das Du beseelt,
Denn Dir gehört's, und wenn es dauern kann,
So sei's allein zu Deinem Ruhm und lege
Ein Zeugniß ab von Dir und Deiner Kunst!

Erste Abtheilung.

Der gehörnte Siegfried.

Vorspiel in einem Act.

Personen.

König Gunther.
Hagen Tronje.
Dankwart, dessen Bruder.
Volker, der Spielmann.
Giselher
Gerenot } Brüder des Königs.
Rumolt der Küchenmeister.
Siegfried.
Ute, die Wittwe König Dankwart's.
Kriemhild, ihre Tochter.

    Recken. Volk.

(Burgund, Worms am Rhein. König Gunther's Burg. Große Halle. Früher Morgen. Gunther, Giselher, Gerenot, Dankwart, der Spielmann Volker und andere Recken sind versammelt.)

Erste Scene.

(Hagen Tronje tritt ein.)

Hagen.
Nun, keine Jagd?

Gunther.
Es ist ja heil'ger Tag!

Hagen.
Daß den Kaplan der Satan selber hole,
Von dem er schwatzt.

Gunther.
Ei, Hagen, mäß'ge Dich.

Hagen.
Was gibt's denn heut? Geboren ist er längst!
Das war — laßt sehn! — Ja, ja, zur Zeit der Flocken!
Sein Fest verdarb uns eine Bärenhatz.

Giselher.
Wen meint der Ohm?

Hagen.
Gekreuzigt ist er auch,
Gestorben und begraben. — Oder nicht?

Gerenot.
Er spricht vom Heiland.

Hagen.
Ist's denn noch nicht aus? —
Wer hält mit mir? Ich eß' kein Fleisch zur Nacht,
Das nicht bis Mittag in der Haut noch steckt,

Auch trink' ich keinen Wein, als aus dem Horn,
Das ich dem Auerstier erst nehmen muß!
Gunther.
So wirst Du Fische kauen müssen, Freund,
Am Ostermorgen geh'n wir nicht zur Jagd.
Hagen.
Was thun wir denn? Wo ist der heil'ge Mann?
Was ist erlaubt? Ich hör' die Vögel pfeifen,
Da darf der Mensch sich doch wohl fiedeln lassen?
(zu Volker)
So fiedle, bis die letzte Saite reißt!
Volker.
Ich fiedle nicht, so lang die Sonne scheint,
Die lust'ge Arbeit spar' ich für die Nacht.
Hagen.
Ja, Du bezögst auch dann noch Dir die Geige
Gern mit des Feindes Darm und strichest sie
Mit einem seiner Knochen.
Volker.
           Würdest Du
Vielleicht auf die Bedingung Musikant?
Hagen.
Ich kenne Dich, mein Volker. Ist's nicht so?
Du redest nur, wenn Du nicht fiedeln darfst,
Und fiedelst nur, wenn Du nicht schlagen kannst.
Volker.
Mag sein, Kumpan.
Gunther.
          Erzähl' uns was, der Tag
Wird sonst zu lang. Du weißt so Mancherlei
Von starken Recken und von stolzen Frau'n.
Hagen.
Nur von Lebend'gen, wenn es Dir beliebt,
Daß man sich sagen darf: die krieg' ich noch,
Den vor mein Schwert, und die in meinen Arm!
Volker.
Ich will Dir von Lebendigen erzählen,
Und der Gedanke soll Dir doch vergeh'n.

Ich kenn' den Recken, den Du nimmer forderst,
Und auch das Weib, um das Du nimmer wirbst.
Hagen.
Wie! Auch das Weib? Den Recken laß' ich gelten,
Doch auch das Weib? Du meinst den Schlangentödter,
Den Balmungschwinger, den gehörnten Siegfried,
Der, als er einmal Schweiß vergossen hatte,
Durch's Bad sich deckte vor dem zweiten Mal —
Allein das Weib?
Volker.
    Ich sag' Dir Nichts von ihr!
Du könntest auszieh'n, um sie heim zu führen,
Und kämst gewiß nicht mit der Braut nach Haus.
Der Schlangentödter selbst wird sich besinnen,
Ob er als Freier bei Brunhilden klopft.
Hagen.
Nun, was Herr Siegfried wagt, das wag' ich auch.
Nur gegen ihn erheb' ich nicht die Klinge:
Das wär' ja auch, wie gegen Erz und Stein.
Glaubt's oder zweifelt, wie es Euch gefällt:
Ich hätt' mich nicht im Schlangenblut gebadet,
Darf denn noch fechten, wer nicht fallen kann?
Giselher (zu Volker).
Schon hört' ich tausend Zungen von ihm plappern,
Doch, wie die Vögel durch einander zwitschern,
Es gab kein Lied. Sprich Du einmal von ihm!
Gunther.
Vom Weibe erst. Was ist das für ein Weib?
Volker.
Im tiefen Norden, wo die Nacht nicht endet
Und wo das Licht, bei dem man Bernstein fischt
Und Robben schlägt, nicht von der Sonne kommt,
Nein, von der Feuerkugel aus dem Sumpf —
  (Man hört in der Ferne blasen.)
Hagen.
Trompeten!
  ### Gunther.
Nun?

Volker.

Dort wuchs ein Fürstenkind
Von wunderbarer Schönheit auf, so einzig
Als hätte die Natur von Anbeginn
Haushälterisch auf sie gespart und Jeder
Den höchsten Reiz des Weibes vorenthalten,
Um ihr den vollen Zauber zu verleih'n.
Du weißt von Runen, die geheimnißvoll
Bei dunkler Nacht von unbekannten Händen
In manche Bäume eingegraben sind;
Wer sie erblickt, der kann nicht wieder fort,
Er sinnt und sinnt, was sie bedeuten sollen,
Und sinnt's nicht aus, das Schwert entgleitet ihm,
Sein Haar wird grau, er stirbt und sinnt noch immer:
Solch eine Rune steht ihr im Gesicht!

Gunther.
Wie, Volker? Dieses Weib ist auf der Welt
Und ich vernehm's erst jetzt?

Volker.
Vernimm noch mehr!
So ist's. Bei Eis und Schnee, zur Augenweide
Von Hai und Wallfisch, unter einem Himmel,
Der sie nicht einmal recht beleuchten kann,
Wenn nicht ein Berg aus unterird'schen Schlünden
Zuweilen seine rothen Blitze schickt,
Ist aller Jungfraun herrlichste erblüht.
Doch ist das öde Land, das sie gebar,
Auf seinen einz'gen Schatz auch eifersüchtig
Und hütet sie mit solcher neid'schen Angst,
Als würd' es in demselben Augenblick
Vom Meere, das es rings umbraust, verschlungen,
Wo sie dem Mann in's Brautbett folgt. Sie wohnt
In einer Flammenburg, den Weg zu ihr
Bewacht das tückische Geschlecht der Zwerge,
Der rasch umklammernd quetschend Würgenden,
Die hören auf den wilden Alberich,
Und überdieß ist sie begabt mit Kräften,
Vor denen selbst ein Held zu Schanden wird.

Gunther.
Wie das?

Volker.
Wer um sie wirbt, der wirbt zugleich
Um seinen Tod, denn führt er sie nicht heim,
So kehrt er gar nicht wieder heim, und ist
Es schon so schwer, nur zu ihr zu gelangen,
So ist es noch viel schwerer, ihr zu steh'n.
Bald kommt auf jedes Glied an ihrem Leibe
Ein Freier, den die kalte Erde deckt,
Denn Mancher schon zog kühn zu ihr hinab,
Doch nicht ein Einziger kam noch zurück.

Gunther.
Nun, das beweist, sie ist für mich bestimmt!
Hei! Meine lange Brautwahl hat ein Ende,
Brunhilde wird die Königin Burgund's.
(Man hört die Trompeten ganz nahe.)
Was giebt's?

Hagen (tritt an's Fenster).
Das ist der Held aus Niederland.

Gunther.
Du kennst ihn?

Hagen.
Schau nur hin! Wer zöge wohl
So trotzig bei uns ein, wenn er's nicht wäre,
Und hätte doch nur Zwölfe im Gefolg'!

Gunther (tritt gleichfalls an's Fenster).
Ich glaub' es selbst! Doch sprich, was führt ihn her?

Hagen.
Ich weiß nicht, was ihn reizt! Er kommt wohl nicht,
Um sich vor Dir zu bücken, und er hat
Zu Haus doch Alles, was man wünschen kann.

Giselher.
Ein edler Degen!

Gunther.
Wie empfängt man ihn?

Hagen.
Du dankst ihm, rath' ich, wie er Dich begrüßt.

Giselher.
Ich gehe ihm entgegen!
Gerenot.
So auch ich!
Hagen.
Wer's thut, der wird sich nicht erniedrigen.
Denn, daß er's Euch nicht selbst zu melden braucht:
Er steckt nicht blos in seiner Haut von Horn
Und hat die Balmung-Klinge an der Seite,
Er ist auch Herr des Nibelungenhorts
Und trägt die Nebelkappe Alberich's,
Und alles das, ich muß es redlich sagen,
Durch seine Kraft und Nichts durch Hinterlist,
D'rum geh' ich mit.
Gunther.
Wir kommen schon zu spät.

Zweite Scene.

Siegfried (tritt mit seinen zwölf Recken ein).
Ich grüß' Dich, König Gunther von Burgund! —
Du staunst, daß Du den Siegfried bei Dir siehst?
Er kommt, mit Dir zu kämpfen um Dein Reich!
Gunther.
Hier kämpft man nicht um das, was man schon hat!
Siegfried.
Um das denn, was d'ran fehlt! Ich hab' ein Reich,
So groß, wie Dein's, und wenn Du mich besiegst,
So bist Du Herr darin. Was willst Du mehr?
Du greifst noch nicht zu Deinem Schwert? Ich hörte
Ja doch, daß hier die Tapfersten der Recken
Versammelt seien, kühn genug, mit Thor
Zu kämpfen um den Donner, wenn sie ihn
In irgend einem Eichenhaine träfen,
Und stolz genug, die Beute zu verschmäh'n.
Ist das nicht war? Wie? Oder zweifelst Du
An meinem Pfande, glaubst Du, daß ich's Dir
Nicht geben kann, weil noch mein Vater lebt?
Herr Siegmund steigt von seinem Thron herunter,
Sobald ich wiederkehre, und er wünscht

Sich sehnlich diesen Augenblick herbei,
Denn selbst der Scepter wird dem Greis zu schwer.
Und jeden Helden, der Dir dienen mag,
Wäg' ich Dir auf mit dreien, jedes Dorf
Mit einer Stadt und für ein Stück vom Rhein
Biet' ich den ganzen Dir. So komm' und zieh'!

Dankwart.
Wer spricht mit einem König so?

Siegfried.
Ein König!
Spricht doch ein Degen so mit einem Degen!
Wer kann und mag besitzen, wenn er nicht
Bewiesen hat, daß er mit Recht besitzt?
Und wer erstickt das Murren um sich her,
Bevor er den Gewaltigsten, der lebt,
Zu Boden warf und ihn mit Füßen trat?
Bist Du das nicht? So sag' mir, wen Du fürchtest,
Und gleich zur Stunde zieh' ich wieder ab
Und ford're den, statt Deiner, vor mein Schwert.
Du nennst ihn nicht und greifst auch nicht zur Wehr?
Ich brenne, mich zu messen mit dem Recken,
Der mir mein Gut verdoppelt oder nimmt:
Wär' dieß Gefühl Dir fremd? Das glaub' ich nicht,
Wenn ich auch nur auf Deine Diener blicke:
So stolze Männer würden Dir nicht folgen,
Empfändest Du nicht ganz so, wie ich selbst.

Dankwart.
Du bist gewiß auf's Kämpfen so versessen,
Seit Du des Lindwurms Schuppenpanzer trägst?
Nicht Jedermann betrog den Tod, wie Du,
Er findet eine off'ne Thür bei uns.

Siegfried.
Wohl auch bei mir! Hab' Dank, du alte Linde,
Daß Du ein Blatt auf mich herunterwarfst,
Als ich mich badete im Blut des Drachen,
Hab' Dank, o Wind, daß du sie schütteltest!
Nun hab' ich doch die Antwort für den Spötter,
Der seine Feigheit hinter Hohn versteckt.

2*

Hagen.
Herr Siegfried, Hagen Tronje nennt man mich,
Und dieser ist mein Bruder!
Volker (macht einen Geigenstrich).
Siegfried.
Hagen Tronje,
Ich grüße Dich! Doch wenn Dich das verdreußt,
Was ich hier sprach, so brauchst Du's nur zu sagen,
Ich setze gern den Königssohn bei Seite
Und stehe Dir, als wärst Du Gunther selbst.
Gunther.
Kein Wort mehr, Hagen, eh' Dein König sprach.
Siegfried.
Und wenn Du fürchtest, daß Dein gutes Schwert
An meiner harten Haut zerspringen könnte,
So biete ich's Dir anders, komm herab
Mit in den Hof, dort liegt ein Felsenblock,
Der ganz so schwer für mich ist wie für Dich:
Wir werfen und erproben so die Kraft.
Gunther.
Du bist willkommen, Held aus Niederland,
Und was Dir hier gefällt, Du magst Dir's nehmen,
Nur trink' mit uns, eh' Du's von dannen trägst.
Siegfried.
Sprichst Du so mild mit mir? Da könnt' ich bitten:
Schick' mich sogleich zurück zu meinem Vater,
Er ist der Einz'ge, der mich zücht'gen darf.
Doch laß mich's wie die kleinen Kinder machen,
Die auch nicht gleich von ihrer Unart lassen:
Kommt, werft mit mir, so trinke ich mit Euch!
Gunther.
So sei's, Herr Siegfried.
Siegfried (zu Dankwart).
Und was Euch betrifft,
Nicht wahr, ich kniff Euch in den dritten Arm,
Es that nicht weh, ich weiß, Ihr habt ihn nicht!
(Zu Allen.)
Als ich hier einritt, packte mich ein Grauen,
Wie ich's noch nicht empfand, so lang ich lebe,

Mich fröstelte, als würd's auf einmal Winter,
Und meine Mutter kam mir in den Sinn,
Die nie zu weinen pflegte, wenn ich zog,
Und dieß mal weinte, als ob alles Wasser
Der Welt den Weg durch ihre Augen nahm.
Das machte mir den Kopf so wirr und kraus,
Ich wollte gar vom Pferde nicht herunter —
Jetzt bringt Ihr mich so bald nicht mehr hinauf.
(Alle ab.)

Dritte Scene.

(Ute und Kriemhild treten auf.)

Ute.
Der Falk ist Dein Gemahl!

Kriemhild.
Nicht weiter, Mutter,
Wenn Du den Traum nicht anders deuten kannst.
Ich hörte stets, daß Liebe kurze Lust
Und langes Leid zu bringen pflegt, ich seh's
Ja auch an Dir und werde nimmer lieben,
O nimmer, nimmer!

Ute.
Kind, was sagst Du da?
Wohl bringt die Liebe uns zuletzt auch Leid,
Denn Eines muß ja vor dem Andern sterben,
Und wie das schmerzt, das magst Du sehn an mir.
Doch all die bitt'ren Thränen, die ich weine,
Sind durch den ersten Kuß voraus bezahlt,
Den ich von Deinem Vater einst empfing.
Auch hat er, eh' er schied, für Trost gesorgt,
Denn wenn ich stolz auf tapf're Söhne bin,
Und wenn ich Dich jetzt an den Busen drücke,
So kann's doch nur geschehn, weil ich geliebt.
D'rum laß Dich nicht durch einen Reim erschrecken:
Ich hatte lange Lust und kurzes Leid.

Kriemhild.
Viel besser, nie besitzen, als verlieren!

Ute.
Und was verlierst Du nicht auf dieser Welt!
Sogar Dich selbst. Bleibst Du denn, was Du bist
Schau mich nur an! So sehr Du lächeln magst,
Ich war vordem, wie Du und glaube mir,
Du wirst dereinst wie ich. Was willst Du halten,
Wenn Du Dich selbst nicht einmal halten kannst?
D'rum nimm's, wie's kommt, und greife, wie wir Alle,
Nach dem, was Dir gefällt, obgleich der Tod
Es Dir zu Staub zerbläs't, sobald er will:
Die Hand, mit der Du's packst, zerstäubt ja auch.

Kriemhild (tritt zum Fenster).
Wie mir's um's Herz ist, Mutter, könnt' ich schwören —
(Sie schaut hinaus und bricht ab.)

Ute.
Was brichst Du ab? Du wirst ja feuerroth?
Was hat Dich so verwirrt?

Kriemhild (tritt zurück).
                Seit wann ist's Brauch
An unser'm Hof, daß wir's nicht mehr erfahren,
Wenn fremde Gäste eingezogen sind?
Wird diese stolze Burg zu Worms am Rhein
Der Schäferhütte gleich, in der sich Jeder
Bei Tag und Nacht verkriechen kann, der will?

Ute.
Warum so hitzig?

Kriemhild.
        Ei, ich wollte eben
Im Hofe nach den jungen Bären schau'n,
Die so possirlich durch einander kugeln,
Und wie ich ohne Arg den Laden öffne,
Da stiert mir plump ein Recke in's Gesicht.

Ute.
Und dieser Recke machte Dir's unmöglich,
Den Schwur zu endigen, den Du begannst?
(Sie tritt gleichfalls zum Fenster.)
Ei freilich, wer ihn sieht, wie er da steht,
Der überlegt sich's, ob er weiter schwört.

Kriemhild.
Was kümmern mich die Gäste meines Bruders,
Wenn ich nur weiß, wie ich sie melden kann.

Ute.
Nun, dieß Mal freut's mich, daß Dir blos der Zorn
Die Wangen färbt, denn dieser junge Held,
Der zwischen Dich und Deine Bären trat,
Ist längst vermählt und hat schon einen Sohn.

Kriemhild.
Du kennst ihn?

Ute.
Ganz gewiß!

Kriemhild.
Wie heißt er denn?

Ute.
Ich weiß es nicht! Jetzt aber kenn' ich Dich,
Du bist ja bleich geworden wie der Tod! —
Und wahrlich, wenn Du diesen Falken fängst
So hast Du nichts vom Adler zu besorgen,
Er nimmt's mit Jedem auf, ich bürge Dir!

Kriemhild.
Dir hab' ich meinen letzten Traum erzählt!

Ute.
Nicht so, Kriemhild! Ich spotte Deiner nicht.
Wir sehen oft im Traum den Finger Gottes,
Und wenn wir noch im Wachen ängstlich zittern,
Wie Du es thust, so sah'n wir ihn gewiß.
Nur sollen wir den Wink auch recht versteh'n,
Den er uns giebt, und nicht in uns'rer Furcht
Unmögliches geloben. Hütte Du
Den Falken, der Dir zugeflogen kommt,
Damit kein tück'scher Adler ihn zerreißt,
Doch denke nicht daran, ihn zu verscheuchen,
Du scheuchst mit ihm die Lust des Lebens fort.
Denn über eines edlen Recken Liebe
Geht Nichts auf dieser Welt, wenn Du es gleich
Noch unter Deinem Mädchenkranz nicht fühlst,
Und wär' Dir auch kein Besserer bescheert
Als dieser da, ich wies' ihn nicht zurück.

(Sie schaut aus dem Fenster.)

Kriemhild.
Er wirbt wohl nicht, so brauch' ich's nicht zu thun.
Ute (lacht).
Ei, so weit spring' ich noch, so alt ich bin.
Kriemhild.
Was giebt's da drunten, Mutter, daß Du lachst?
Ute.
Sie werfen in die Wette, wie es scheint,
Und Giselher, Dein Bruder, warf zuerst.
Nun, nun, er ist der Jüngste. Aber schau;
Jetzt kommt der fremde Recke. Ach, mein Sohn,
Wo wirst Du bleiben? Sieh, nun tritt er an.
Nun holt er aus, nun — Ha, der Stein wird fliegen,
Als würde er zum Vogel — Komm' doch her
Und stell' Dich hinter mich, Du siehst es nicht
Zum zweiten Mal, es gilt das Aeußerste,
Er will's mir einem Wurf zu Ende bringen!
Jetzt — Hab' ich Augen oder hab' ich keine?
Nicht weiter?
Kriemhild (nähert sich).
Hast Du ihn zu früh gelobt?
Ute.
Das ist ja nur Ein Schuh!
Kriemhild (tritt hinter Ute).
Noch immer mehr,
Als wär' es nur Ein Zoll.
Ute.
Um einen Schuh
Dieß Kind zu überwerfen —
Kriemhild
Ist nicht viel!
Besonders, wenn man sich dabei noch spreizt.
Ute.
Und wie er keucht!
Kriemhild.
Für einen solchen Riesen
Possirlich g'nug! Wär' ich's, verdient' ich Mitleid,
Denn für ein Mädchen wär' es schon ein Stück.

Ute.
Nun macht sich unser Gerenot an's Werk.
Es steht ihm gut, nicht wahr? Er hat von Allen
Die meiste Aehnlichkeit mit seinem Vater.
Nur muthig zu, mein Sohn! — Das ist ein Wurf!

Kriemhild.
Der Bär sogar ist überrascht, er hat
Sich's nicht erwartet und wird plötzlich flink.

Ute.
Zieh' Du auf Abenteuer, wann Du willst! —
Doch Giselher bleibt hier.

Kriemhild.
        Wie geht's denn fort?
Nein, mache mir nicht Platz, ich seh's schon so.

Ute.
Jetzt kommt der Recke wieder! Doch er strengt
Sich nicht mehr an, er scheint sich im Voraus
Des Sieges zu begeben. Wie man sich
Doch irren kann! — Was thut er aber da?
Er dreht sich um — er kehrt dem Ziel den Rücken,
Anstatt der Augen zu — er wirft den Stein
Hoch über Kopf und Achsel weg — Ja wohl,
Man kann sich irren! Gerenot ist auch
Besiegt, wie Giselher.

Kriemhild.
        Es macht zwar wieder
Nur einen Schuh! Doch dieß Mal keucht er nicht.

Ute.
Es sind doch gute Kinder, die ich habe.
Treuherzig reicht ihm Gerenot die Hand,
Ein And'rer würde nach der Klinge greifen,
Denn solch ein Uebermuth ist gar nicht fein.

Kriemhild.
Man sieht's ja wohl, daß er's nicht übel meint.

Ute.
Herr Volker legt die Geige still bei Seite,
De er so höhnisch strich!

Kriemhild.
                    Der eine Schuh
Stört ihn in seiner Lust. Die Reihe wäre
Am Marschall jetzt, wenn's langsam, wie bei Treppen,
Hinauf geh'n soll, doch König Gunther drängt
Herrn Dankwart ungestüm zurück, er will
Sich selbst versuchen.
                Ute.
                    Und er thut's mit Glück.
Zweimal so weit, als Gerenot.
                Kriemhild.
                        Und dennoch
Nicht weit genug. Du siehst, der Recke folgte
Sogleich, und wieder fehlt der eine Schuh.
                Ute.
Der König lacht. Ei nun, so lach' ich auch! —
Ich sah's ja längst, daß dieß der Falke ist,
An dem Dein Traum sich nicht erfüllen kann;
Doch hat er jetzt die volle Kraft gebraucht.
                Kriemhild.
Nun tritt der Tronjer an.
                Ute.
                    Dem schwärt's im Herzen,
So fröhlich er auch thut! — Er packt den Stein,
Als wollt' er ihn zermalmen. Wie der fliegt!
Bis an die Wand! Nun, weiter kann er nicht,
Das ist ein Wurf, den Keiner übertrifft,
Selbst für den einen Schuh ist nicht mehr Platz.
                Kriemhild.
Der Recke holt sich doch den Stein noch wieder.
                Ute.
Wozu nur? — Großer Gott, was giebt es jetzt?
Bricht über uns'rem Haupt die Burg zusammen?
Das dröhnt!
                Kriemhild.
                Bis in den Thurm hinauf. Die Dohlen
Und Fledermäuse fahren aus den Nestern —
                Ute.
Sie fliegen blind in's Licht hinein!

Kriemhild.
                    Die Wand
Hat einen Riß.
            Ute.
                Unmöglich.
            Kriemhild.
                    Warte nur,
Bis sich der Staub verzieht. Groß wie ein Fenster!
Da ging der Wurf hindurch.
            Ute.
                    Jetzt seh' ich's auch.
            Kriemhild.
Der Stein flog in den Rhein.
            Ute.
                    Wer sollt' es glauben!
Und doch ist's wahr, das Wasser selbst bezeugt's,
Es spritzt ja himmelhoch empor.
            Kriemhild.
                    Das ist
Noch etwas über einen Schuh.
            Ute.
                    Dafür
Wischt er sich auch einmal die Stirn.
Gott Lob! Sonst käm' der Tronjer um vor Wuth!
            Kriemhild.
Nun ist es aus. Sie schütteln sich die Hände;
Dankwart und Volker kamen um ihr Recht.
            Ute.
Komm, wir vergessen, es ist Messezeit.
        (Beide ab.)

Vierte Scene.

(Die Recken treten wieder ein.)

            Gunther.
Ihr seid ein Schalk, Herr Siegfried.
            Siegfried.
                    Nehmt Ihr's krumm?

Giselher.
Vergebt mir nur, daß ich's sogar gewagt,
Mich Euch zu stellen. Doch ich will zur Strafe
Mit meiner alten Mutter Ute ringen,
Und wenn ich sie besiege, sollt Ihr mich
Vor allem Volk bei schallenden Trompeten
Mit Eichenlaub bekränzen, wenn Ihr wollt!

Siegfried.
Nichts mehr davon! Der Wurf war nicht so schlecht,,
Euch fehlen nur zehn Jahre.

Hagen.
     War das Letzte
Denn endlich Euer Bestes?

Siegfried.
     Kann man das
Im Spiele zeigen?

Gunther.
    Noch einmal willkommen!
Und glücklich pries' ich mich, wenn's mir gelänge,
Dich anders als für flüchtigen Besuch
An mich zu fesseln. Doch, was hätte ich,
Das ich Dir bieten könnte. Wär' es auch
Mein rechter Arm — mit dem ich mir den Dienst
Von deinem linken gern erkaufen möchte —
Du sagtest Nein und kämst wohl auch zu kurz!

Siegfried.
Nimm Dich in Acht, ich bett'le, eh' Du's denkst!

Gunther.
Was es auch sei, es ist voraus gewährt.

Siegfried.
Hab' Dank für dieses Wort! Ich werde Dir
Es nie vergessen, doch ich gebe Dir's
Sogleich zurück, denn meine Wünsche sind
Vermeß'ner, als Du ahnst. Ich war bescheiden,
Als ich Dein Reich blos forderte.

Gunther.
     Du wirst
Mich nicht erschrecken.

Siegfried.
                    Hörtest Du vielleicht
Von meinen Schätzen? Nun, das ist gewiß,
Für Gold und Silber brauchst Du nicht zu zittern,
Ich hab' so viel davon, daß ich es lieber
Verschenkte, als zu Hause schleppte, doch
Was hilft's mir? Was ich dafür kaufen möchte,
Ist nimmer feil!

Gunther.
          Das ist?

Siegfried.
               Du räthst es nicht? —
Ein anderes Gesicht, als dieses hier!

Gunther.
Hast Du die Kraft des alten schon erprobt?

Siegfried.
An meiner Mutter, ja! Und da mit Glück,
Denn ihr gefällt's!

Gunther.
          Nicht sonst noch?

Siegfried.
                    Allerdings!
Hast Du's denn nicht bemerkt? Ein Mägd'lein sah
Vorhin auf uns herunter in den Hof,
Und als sie, ihre gold'nen Locken schüttelnd,
Die, wie ein Vorhang, ihr die Augen deckten,
Mich unter Euch erblickte, fuhr sie rascher
Zurück, wie ich, als sich im Reich der Zwerge
Die Erde, die mein Fuß betrat, auf einmal
Zu einem Angesicht zusammen zog,
Das mir die Zähne zeigte!

Gunther.
               Bloße Scheu!
Versuch's nur immer weiter. Wenn's Dir aber
Am Werber fehlt: ich leiste Dir den Dienst,
Nur mußt Du mir den gleichen auch erweisen,
Denn Kriemhild, meine Schwester, darf nicht zieh'n,
Bevor hier Brunhild ihren Einzug hielt.

Siegfried.
Welch einen Namen nennst Du da, o König?
Die nord'sche Jungfrau denkst Du heimzuführen,
Der flüss'ges Eisen in den Adern kocht?
O, gib es auf!
Gunther.
  Warum? Ist sie's nicht werth?
Siegfried.
Nicht werth! Ihr Ruhm durchfliegt die Welt! Doch Keiner
Kann sie im Kampf bestehen, bis auf Einen,
Und dieser Eine wählt sie nimmermehr.
Gunther.
So sollte ich aus Furcht vor ihr nicht werben?
Welch eine Schmach! Viel lieber gleich den Tod
Von ihrer Hand, als tausend Jahre Leben
In dieser Ohnmacht schimpflichem Gefühl.
Siegfried.
Du weißt nicht, was Du sprichst. Ist's Schmach für Dich,
Daß Dich das Feuer brennt, und daß das Wasser
Dich in die Tiefe zieht? Nun, sie ist ganz,
Wie's Element, und Einen Mann nur giebt's,
Der sie bewält'gen und, wie's ihm gefällt,
Behalten oder auch verschenken kann!
Doch möchtest Du sie wohl von Einem nehmen,
Der nicht ihr Vater noch ihr Bruder ist?
Gunther.
Erst werd' ich sehen, was ich selbst vermag!
Siegfried.
Es glückt Dir nicht, es kann Dir gar nicht glücken,
Sie wirft Dich in den Staub! Und glaube nicht,
Daß Milde wohnt in ihrer eh'rnen Brust,
Und daß sie etwa, wenn sie Dich erblickt,
Es gar zu einem Kampf nicht kommen läßt!
Das kennt sie nicht, sie streitet um ihr Magdthum,
Als wär' ihr Leben selbst daran geknüpft,
Und wie der Blitz, der keine Augen hat,
Oder der See, der keinen Schrei vernimmt,
Vertilgt sie ohne Mitleid jeden Recken,

Der ihr den Jungfrauu=Gürtel lösen will.
D'rum gib sie auf und denk' nicht mehr an sie,
Wenn Du sie nicht aus eines Ander'n Händen,
Wenn Du sie nicht von mir empfangen magst!

Gunther.
Und warum sollt' ich nicht?

Siegfried.
     Das frag' Dich selbst!
Ich bin bereit mit Dir hinab zu zieh'n,
Wenn Du die Schwester mir als Lohn versprichst,
Denn einzig ihrethalben kam ich her,
Und hättest Du Dein Reich an mich verloren,
Du hätt'st es Dir zurückgekauft mit ihr.

Hagen.
Wie denkst Du's denn zu machen?

Siegfried.
     Schwere Proben
Sind zu besteh'n! Sie wirft den Stein, wie ich,
Und springt ihm nach, so weit er fliegt, sie schleudert
Die Lanze und durchbohrt auf hundert Schritte
Ein siebenfaches Erz, und so noch mehr.
Allein, was thut's, wir theilen uns in's Werk,
Mein sei die Arbeit, die Geberde sein!

Hagen.
Er soll den Anlauf nehmen, Du willst werfen
Und springen?

Siegfried.
   Ja! so mein' ich's! Und dabei
Ihn selbst noch tragen!

Hagen.
   Thorheit! Wie ist's möglich,
Sie so zu täuschen?

Siegfried.
   Durch die Nebelkappe,
Die mich schon einmal ihrem Blick entzog!

Hagen.
Du warst schon dort?

Siegfried.
Ich war's! Doch warb ich nicht,
Auch sah ich nur, ich wurde nicht geseh'n! —
Ihr staunt und schaut mich voll Verwund'rung an?
Ich merk' es wohl, ich muß den Kukuk machen,
Eh' Ihr mir trauen könnt, doch denke ich,
Wir sparen's für die Fahrt, denn die ist lang,
Auch kann ich, wenn ich von mir selbst erzähle,
Dabei in's Wasser sehn!
Gunther.
Nein, sprich uns gleich
Von Isenland und Deinen Abenteuern!
Wir hören's gern und waren schon dabei,
Es selbst zu thun.
Siegfried.
Auch das! Mich trieb die Lust
Am Kampf soweit hinunter, und ich traf
Dort gleich den ersten Tag bei einer Höhle
Zwei junge Recken, die sich grimmig stritten.
Es waren Brüder, König Niblung's Söhne,
Die ihren Vater kaum begraben hatten —
Erschlagen auch, wie ich nachher vernahm —
Und schon um's Erbe zankten. Ganze Haufen
Von Edelsteinen lagen aufgethürmt
Um sie herum, dazwischen alte Kronen,
Seltsam gewund'ne Hörner und vor Allem
Der Balmung, aus der Höhle aber blitzte
Das rothe Gold hervor. Als ich erschien,
Verlangten sie mit wildem Ungestüm,
Daß ich den Schatz als Fremder theilen sollte,
Und gern gewährt' ich's, um den Mord zu hindern,
Mit dem sie sich bedrohten, doch umsonst.
Denn als ich fertig war, fand Jeder sich
Verkürzt und tobte, und ich warf die Hälften
Auf ihr Begehren wieder durcheinander
Und theilte abermals. Da wurden sie
Noch zorniger und drangen, während ich
Gebückt auf meinen Knien lag und still
Auf einen Ausgleich sann, in toller Wuth
Mit rasch gezog'nen Degen auf mich ein.

Ich, um der Rasenden mich zu erwehren,
Griff zu dem Balmung neben mir, weil ich
Die eig'ne Klinge nicht mehr ziehen konnte,
Und eh' ich's dachte, hatten alle Beide,
Wie Eber, welche blind auf's Eisen laufen,
Sich selbst gespießt, obgleich ich liegen blieb
Und ihrer schonte, und so ward ich Erbe
Des ganzen Hortes.

Hagen.
Blutig und doch redlich!

Siegfried
Nun wollt' ich in die Höhle geh'n! Wie staunt' ich,
Als ich den Eingang nicht mehr fand. Ein Wall,
So schien's, war plötzlich aus dem Schooß der Erde
Hervorgestiegen, und ich stach hinein,
Um mir den Weg zu bahnen. Doch, da kam
Statt Wassers Blut, es zuckte, und ich glaubte,
Ein Wurm sei in dem Wall versteckt. Ich irrte,
Der ganze Wall war nur ein einz'ger Wurm,
Der, tausend Jahre in der Felskluft schlafend,
Mit Gras und Moos bewachsen war und eher
Dem zack'gen Rücken einer Hügelkette,
Als einem Thiere glich, das Odem hat.

Hagen.
Das war der Drache!

Siegfried.
Ja, ich schlug ihn todt,
Indem ich ihn bestieg, eh' er sich bäumte,
Und ihm von hintenher, den Nacken reitend,
Das laue Haupt zerschmetterte. Es war
Vielleicht das schwerste Stück, das ich vollbrachte,
Und ohne Balmung wär's mir nicht geglückt.
Dann hieb ich mich durch seinen Riesenleib,
Durch all das Fleisch und die gewalt'gen Knochen,
Wie durch ein felsigtes Gebirg, allmälig
Bis an die Höhle durch. Doch hatte ich
Sie kaum betreten, als ich mich umklammert
Von starken Armen fühlte, die mein Auge
Nicht sah, und die mir dennoch fast die Rippen

Zusammendrückten, ganz als ob die Luft
Es selber thäte! Es war Alberich,
Der wilde Zwerg, und niemals war ich wohl
Dem Tod so nah, als in dem grausen Kampf
Mit diesem Ungethüm. Doch endlich wurde
Er sichtbar und nun war's um ihn gescheh'n.
Denn, ohne es zu wissen, hatt' ich ihm,
Derweil ich mit ihm rang, die Nebelkappe
Vom Kopf gerissen, und mit seiner Hülle
Verlor er auch die Kraft und stürzte hin.
Nun wollt' ich ihn zertreten, wie ein Thier,
Da lös'te er, schon unter meinen Fersen
Mit seinem Hals, sich rasch durch ein Geheimniß,
Das ich nicht ahnte, er entdeckte mir
Den Zauber, der im Blut des Drachen steckte,
So lange es noch rauchte, und ich ließ
Ihn eilig frei und nahm mein rothes Bad.

Gunther.
So hast Du Dir an einem einz'gen Tage
Den Balmung und den Hort, die Nebelkappe
Und Deine Haut von Horn erkämpft?

Siegfried.
So ist's!
Ja, auch die Vögelsprache! Als ein Tropfe
Des Zauberbluts mir auf die Lippen sprang,
Verstand ich gleich das Zwitschern über mir,
Und hätt' ich nicht zu rasch ihn abgewischt,
So würd' ich auch, was hüpft und springt, versteh'n.
Denkt Euch: auf einmal flüstert es im Baum,
Denn eine alte Linde deckte Alles,
Dann kichert's, lacht und höhnt, so daß ich Menschen
Zu hören glaube, die, im Laub versteckt,
Mein Thun verspotten. Wie ich um mich schaue,
Erblick' ich Nichts, als Vögel, Krähen, Dohlen
Und Eulen, die sich streiten. Brunhild wird
Genannt, auch ich. Ein Knäuel dunkler Reden
Hinüber und herüber. Eins nur klar,
Daß noch ein Abenteuer meiner harrt.
Die Lust erwacht. Die Dohle fliegt voran,
Die Eule folgt. Bald sperrt ein Flammensee

Den Weg und eine Burg, wie glühendes
Metall in bläulich-grünem Schimmer leuchtend,
Taucht drüben auf. Ich halte an. Da ruft
Die Dohle: Zieh' den Balmung aus der Scheide
Und schwing' ihn dreimal um das Haupt! Ich thu's,
Und schneller wie ein Licht erlischt der See.
Nun wird's lebendig in der Burg, Gestalten
Erscheinen auf der Zinne, Schleier flattern
Und eine stolze Jungfrau späht herab.
Da kreischt die Eule auf: Das ist die Braut!
Nun mit der Nebelkappe fort! Ich hatte
Sie blos zur Probe aufgesetzt und wußte
Nicht einmal, daß ich sie noch trug. Doch jetzt
Hielt ich sie mit den Händen fest, weil ich
Die lecken Vögel darnach haschen sah.
Denn Brunhild rührte, wie sie droben stand,
In aller ihrer Schönheit nicht mein Herz,
Und wer da fühlt, daß er nicht werben kann,
Der grüßt auch nicht.

     Volker.
      Das ist ein edles Wort.

    Siegfried.
So schied ich ungeseh'n und kenne doch
Die Burg und ihr Geheimniß, wie den Weg.

     Gunther.
So führ' mich, Held!

      Volker.
      Nein, König, bleib daheim,
Es endet schlecht.

     Siegfried.
      Du meinst, ich kann nicht halten,
Was ich versprach?

     Volker.
      O, doch, ich meine nur,
Daß falsche Künste sich für uns nicht ziemen!

     Gunther.
Mit ander'n geht's ja nicht.

     Volker.
      So stehst Du ab.

Gerenot.
Das rath' ich auch.

Hagen.
Ei nun! Warum?

Gunther.
Mir scheint's
So wenig schimpflich, als in's Schiff zu steigen,
Wenn man das fremde Ufer nicht durch Schwimmen
Erreichen kann, und statt der Faust den Degen
Zu brauchen.

Siegfried.
Nimm es so, und schlage ein!

Gunther.
Wohlan! Für Brunhild geb' ich Dir Kriemhild
Und uns're Hochzeit feiern wir zugleich!

Hagen (legt den Finger auf den Mund, sieht Siegfried an und schlägt an's Schwert).

Siegfried.
Bin ich ein Weib? In Ewigkeit kein Wort!
Ich stelle mich, wenn Ihr zum Kampfe eilt,
Als hätt' ich was an uns'rem Schiff zu richten
Und geh' zum Strand hinunter, daß sie's sieht,
Doch in der Nebelkappe kehr' ich wieder
Und kneif' Dich in den Arm und steh' Dir bei!

(Alle ab.)

Zweite Abtheilung.

Siegfried's Tod.

Ein Trauerspiel in fünf Acten.

Personen:

König Gunther.
Hagen Tronje.
Dankwart.
Volker.
Giselher.
Gerenot.
Wulf } Recken.
Truchs
Rumolt.
Siegfried.
Ute.
Kriemhild.
Brunhild, Königin von Isenland.
Frigga, ihre Amme.
Ein Kaplan.
Ein Kämmerer.
  Recken. Volk. Mägde. Zwerge.

Erster Act.

Isenland. Brunhild's Burg. Früher Morgen.

Erste Scene.

(Brunhild und Frigga kommen von entgegengesetzten Seiten.)

Brunhild.
Woher so früh? Dir trieft das Haar von Thau,
Und Dein Gewand ist blutbesprengt.

Frigga.
                    Ich habe
Den alten Göttern, eh' der Mond zerbrach,
Ein Opfer dargebracht.

Brunhild.
            Den alten Göttern!
Jetzt herrscht das Kreuz und Thor und Odin sitzen
Als Teufel in der Hölle.

Frigga.
            Fürchtest Du
Sie darum weniger? Sie können uns
Noch immer fluchen, wenn auch nicht mehr segnen,
Und willig schlacht' ich ihnen ihren Bock.
O, thätest Du es auch! Du hättest Grund,
Wie keine Zweite.

Brunhild.
    Ich?

Frigga.
        Ein ander Mal!
Längst sollt' ich Dir erzählen. Heute ist
Die Stunde endlich da.

Brunhild.
Ich glaubte schon,
Sie werde erst mit Deinem Tode kommen,
D'rum drängt' ich Dich nicht mehr.
Frigga.
So merke auf!
Urplötzlich trat aus unser'm Feuerberg
Ein Greis hervor und reichte mir ein Kind,
Sammt einer Runentafel.
Brunhild.
In der Nacht?
Frigga.
Wie weißt Du's?
Brunhild.
Manches hast Du schon im Schlaf
Verrathen, denn Du sprichst, wenn Dir der Mond
In's Antlitz scheint.
Frigga.
Und Du behorchst mich? — Wohl —
Um Mitternacht! Wir wachten bei der Leiche
Der Königin. Sein Haar war weiß, wie Schnee,
Und länger, als ich's je bei einem Weibe
Gesehen habe, wie ein weiter Mantel
Umwallt' es ihn, und hinten schleppt' es nach.
Brunhild.
Der Geist des Bergs!
Frigga.
Ich weiß es nicht. Er sprach
Kein einz'ges Wort. Das Mägdlein aber streckte
Die Händchen nach der gold'nen Krone aus,
Die auf dem Haupt der Todten funkelte,
Und, wunderbar, sie paßte.
Brunhild.
Wie! Dem Kinde?
Frigga.
Dem Kinde: Ja! Sie war ihm nicht zu weit
Und ward ihm später nie zu eng!
Brunhild.
Wie meine!

Frigga.

Wie Deine, ja! Und wunderbarer noch:
Das Mägdlein war dem Kinde, das der Todten
Im Arme lag und das sogleich verschwand,
Als wär' es nie gewesen, an Gestalt
So ähnlich, ja so gleich, daß es sich nur
Durch's Athmen unterschied von ihm, es schien,
Als hätte die Natur denselben Leib
Für Einen Zweck zweimal geschaffen und
Das Blut blos umgegossen.

Brunhild.

Hatte denn
Die Königin ein Kind im Arm?

Frigga.

Sie war
An der Geburt gestorben und mit ihr
Zugleich die Frucht.

Brunhild.

Das sagtest Du noch nicht.

Frigga.

So hab' ich's nur vergessen. Sicher brach
Ihr Herz aus Gram, daß sie es dem Gemahl
Nicht zeigen konnte. Viele Jahre hatte
Er sich umsonst dieß holde Glück gewünscht,
Und einen Monat früher, als es kam,
Ereilte ihn ein jäher Tod.

Brunhild.

Nur weiter!

Frigga.

Wir sah'n uns nach dem Greise um. Er war
Verschwunden, und der Berg, der, mitten durch
Gespalten, wie ein Apfel, durch das Fenster
Uns angegähnt, ging langsam wieder zu.

Brunhild.

Und kam der Greis nicht wieder?

Frigga.

Höre nur!
Wir ließen uns're Frau am nächsten Morgen

Zur Gruft bestatten, und der Priester wollte
Zugleich das Mägdlein taufen. Doch sein Arm
Ward lahm, bevor er mit dem heil'gen Naß
Die Stirn ihr netzen konnte und er hat
Ihn niemals mehr gehoben.
Brunhild.
Niemals mehr!
Frigga.
Nun, er war alt und wir erschracken nicht,
Wir riefen einen Andern. Dem gelang's,
Sie zu besprengen, doch er wurde stumm,
Als er sie segnen wollte, und ihm kehrte
Die Sprache niemals mehr zurück.
Brunhild.
Der Dritte?
Frigga.
Der fand sich lange nicht! Wir mußten Einen
Aus weiter Ferne rufen, der von Allem
Nichts wußte. Der vollbrachte dann das Werk,
Doch als er kaum zu Ende war, so fiel
Er um und niemals stand er wieder auf!
Brunhild.
Das Mägdlein aber?
Frigga.
Wuchs und wurde stark,
Und seine kind'schen Spiele dienten uns
Als Zeichen unf'res Lassens oder Thuns,
Und trogen nie, wie's uns die Runentafel
Voraus verkündigt hatte.
Brunhild.
Frigga! Frigga!
Frigga.
Ja! Ja! Du bist es selbst! Erkennst Du's endlich?
Nicht in der Kammer, wo die Todten stäuben,
Im Hecla, wo die alten Götter hausen,
Und unter Nornen und Valkyrien
Such' Dir die Mutter, wenn Du eine hast! —
O, hätte nie ein Tropfen heil'gen Wassers

Die Stirne Dir benetzt! Dann wüßten wir
Wohl mehr!

Brunhild.
Was murmelst Du?

Frigga.
Wie ging es zu,
Daß wir uns diesen Morgen, statt im Bett,
Unausgekleidet auf den Stühlen fanden,
Die Zähne klappernd und die Lippen blau?

Brunhild.
Wir müssen plötzlich eingeschlafen sein.

Frigga.
Ist das uns schon begegnet?

Brunhild.
Nie zuvor.

Frigga.
Nun denn! Der Greis war hier und wollte reden!
Mir ist sogar, als hätt' ich ihn gesehn,
Wie er Dich rüttelte und mich bedrohte,
Dir aber ward durch einen dicken Schlaf
Das Ohr verstopft, weil Du nicht hören solltest,
Was Dir beschieden ist, wenn Du beharrst,
D'rum bring' ein Opfer dar und mach' Dich frei!
O, hätte ich dem Priester nicht gehorcht,
Als er mich drängte! Doch ich hatte noch
Die Tafel nicht entziffert. Thu' es, Kind,
Denn die Gefahr ist nah'.

Brunhild.
Gefahr?

Frigga.
Gefahr!
Du weißt, der Flammensee ist längst erloschen,
Der Deine Burg umgab.

Brunhild.
Und dennoch blieb
Der Recke mit der Balmungklinge aus,
Der hoch zu Rosse ihn durchreiten sollte,
Nachdem er Fafner's blut'gen Hort erstritt.

Frigga.

Ich las wohl falsch. Doch dieses zweite Zeichen
Kann mich nicht täuschen, denn ich weiß es lange,
Daß Deiner in der Stunde der Entscheidung
Die Offenbarung harrt. So opf're, Kind!
Vielleicht steh'n alle Götter unsichtbar
Um Dich herum und werden Dir erscheinen,
Sobald der erste Tropfen Blutes rinnt.

Brunhild.

Ich fürchte Nichts.

(Man hört Trompeten.)

Frigga.
Trompeten!

Brunhild.
Hörst Du sie
Zum ersten Mal?

Frigga.
Zum ersten Mal mit Angst.
Die Zeit des Distelköpfens ist vorüber,
Und eh'rne Häupter steigen vor Dir auf.

Brunhild.

Heran! Heran! Damit ich dieser zeige,
Daß ich noch immer siegen kann! Als hier
Der See noch flammte, eilt' ich Euch entgegen,
Und freundlich, wie ein Hund vor seinem Herrn
Bei Seite springt, entwich das treue Feuer
Vor mir und theilte sich nach links und rechts:
Jetzt ist die Straße frei, doch nicht der Gruß.

(Sie besteigt während dem ihren Thron.)

Nun stoßt die Pforten auf und laßt sie ein!
Wer auch erscheinen mag: sein Kopf ist mein!

Zweite Scene.

(Es geschieht; Siegfried, Gunther, Hagen und Volker treten ein.)

Brunhild.

Wer ist's, der heute sterben will?

(Zu Siegfried.)

Bist Du's?

Siegfried.
Ich will nicht sterben, und ich will nicht werben,
Auch thust Du mir zu viel der Ehre an,
Mich vor dem König Gunther zu begrüßen,
Ich bin hier nur sein Führer.

Brunhild (wendet sich gegen Gunther).
Also Du?
Und weißt Du, was es gilt?

Gunther.
Wohl weiß ich das!

Siegfried.
Der Ruf von Deiner Schönheit drang gar weit,
Doch weiter noch der Ruf von Deiner Strenge,
Und wer Dir immer auch in's Auge schaut,
Er wird es nicht im höchsten Rausch vergessen,
Daß Dir der dunkle Tod zur Seite steht.

Brunhild.
So ist's! Wer hier nicht siegt, der stirbt sogleich,
Und seine Diener mit. Du lächelst d'rob?
Sei nicht zu stolz! Trittst Du auch vor mich hin,
Als könntest Du den vollsten Becher Wein's
Dir unverschüttet über'm Haupte halten
Und mich dabei betrachten, wie ein Bild:
Ich schwöre Dir's, Du fällst so gut, wie er.
(Zu Gunther.)
Dir aber rath' ich, wenn Du hören kannst;
Laß Dir von meinen Mägden doch die Recken
Erst nennen, die von meiner Hand schon fielen,
Vielleicht ist Mancher d'runter, der sich einst
Mit Dir gemessen hat, vielleicht gar Einer,
Der Dich besiegt zu seinen Füßen sah!

Hagen.
Der König Gunther ward noch nie besiegt.

Siegfried.
Hoch ragt sein Schloß zu Worms am Rhein empor,
Reich ist sein Land an Zierden aller Art,
Doch höher ragt er selbst noch vor den Recken
Und reicher auch an Ehren ist sein Haupt.

Hagen.
Die Hand her, Niederland! Das war ein Wort!
Volker.
Und wär's Dir denn so schwer, dieß öde Land
Und seine wüste Meeres-Einsamkeit
Freiwillig zu verlassen und dem König
Aus Höll' und Nacht zu folgen in die Welt?
Es ist ja gar kein Land, das noch zur Erde
Gehört, es ist ein preisgegeb'nes Riff,
Das die Lebend'gen längst entsetzt verließen,
Und wenn Du's liebst, so kannst Du es nur lieben,
Weil Du als Letzte d'rauf geboren bist!
Dieß Stürmen in den Lüften, dieß Getose
Der Wellen, dieß Gekeuch des Feuerberg's,
Vor Allem aber dieses rothe Licht,
Das von der Himmelswölbung niederrieselt,
Als strömt' es ab von einem Opfertisch,
Ist fürchterlich und paßt nur für den Teufel:
Man trinkt ja Blut, indem man Athem holt!
Brunhild.
Was weißt denn Du von meiner Einsamkeit?
Noch hab' ich Nichts aus Eurer Welt vermißt,
Und käme das dereinst, so hol' ich's mir,
Verlaßt Euch d'rauf, und braucht' es nicht geschenkt!
Siegfried.
Sagt' ich's Euch nicht voraus? Zum Kampf! Zum Kampf!
Du mußt sie mit Gewalt von hinnen führen!
Ist es nur erst gescheh'n, so dankt sie's Dir.
Brunhild.
Meinst Du? Du kannst Dich täuschen. Wißt Ihr denn,
Was ich Euch opfern soll? Ihr wißt es nicht,
Und Keiner hat's gewußt. Vernehmt's zuvor
Und fragt Euch, wie ich es vertheid'gen werde!
Wohl steht die Zeit hier still, wir kennen nicht
Den Frühling, nicht den Sommer, noch den Herbst,
Das Jahr verändert niemals sein Gesicht,
Und wir sind unveränderlich mit ihm.
Doch, wenn auch Nichts von Allem hier gedeiht,
Was Euch entgegen wächst im Strahl der Sonne,

So reißt dafür in unf'rer Nacht, was Ihr
Mit nichten säen oder pflanzen könnt,
Noch freu' ich mich des Kampf's, noch jauchze ich,
Den übermüth'gen Feind zu überwinden,
Der mir die Freiheit rauben will, noch ist
Die Jugend, ist das schwellende Gefühl
Des Lebens mir genug, und eh' mich dieses
Verlassen kann, hat mich das Schicksal schon,
Mit Wundergaben unsichtbar mich segnend,
Zu seiner Hohenpriesterin geweiht.
Frigga.
Wie wird ihr? War's genug an meinem Opfer?
Brunhild.
Die Erde wird sich plötzlich vor mir öffnen
Und mir enthüllen, was sie birgt im Kern,
Die Sterne droben werd' ich klingen hören
Und ihre himmlische Musik versteh'n,
Und noch ein drittes Glück wird mir zu Theil,
Ein drittes, das sich gar nicht fassen läßt!
Frigga.
Du bist's, Odin! Du hast ihr Aug' entsiegelt,
Weil Dir zur Nacht ihr Ohr verschlossen war,
Nun sieht sie selbst, was ihr die Norne spinnt!
Brunhild (hoch aufgerichtet mit starren Augen).
Einst kommt der Morgen, wo ich statt den Bären
Zu jagen, oder auch die eingefror'ne
Seeschlange zu erlösen aus der Haft,
Damit sie den Planeten nicht zerpeitsche,
Die Burg schon früh verlasse. Muthig tummle
Ich meinen Rappen, fröhlich trägt er mich,
Auf einmal halt' ich ein. Der Boden vor mir
Hat sich in Luft verwandelt! Schaudernd reiß ich
Das Roß herum. Auch hinter mir. Er ist
Durchsichtig. Farb'ge Wolken unter mir,
Wie über mir. Die Mägde plaudern fort.
Ich rufe: Seid Ihr blind, daß Ihr Nichts seht?
Wir schweben ja im Abgrund! Sie erstaunen,
Sie schütteln ihre Häupter still, sie drängen
Sich dicht um mich herum. Doch Frigga flüstert:

Kam Deine Stunde auch? Da merk' ich's erst!
Der Erdball wurde zum Kristall für mich,
Und was Gewölk mir schien, war das Geflecht
Der Gold= und Silberadern, die ihn leuchtend
Durchkreuzen bis zum Grund.

####### Frigga.
Triumph! Triumph!

Brunhild.
Ein Abend folgt. Nicht gleich. Vielleicht erst spät,
Wir sitzen hier beisammen. Plötzlich fallen
Die Mägde um, wie todt, das letzte Wort
Zerbricht in ihrem Mund, mich aber treibt's
Zum Thurm hinauf, denn über mir erklingt's,
Und jeder Stern hat seinen eig'nen Ton.
Erst ist es blos Musik für mich, doch wenn
Der Morgen graut, so murml' ich, wie im Schlaf:
Der König stirbt vor Nacht noch und sein Sohn
Kann nicht geboren werden, er erstickt
Im Mutterleib! Ich höre erst von Andern,
Daß ich's gesagt, und ahne selber nicht,
Woher ich's weiß. Bald aber wird's mir klar,
Und bald verbreitet sich's von Pol zu Pol.
Dann zieh'n sie noch wie jetzt zu mir heran,
Doch nicht mit Schwertern, um mit mir zu kämpfen,
Nein, demuthsvoll, mit abgelegten Kronen,
Um meine Träume zu behorchen und
Mein Stammeln auszudeuten, denn mein Auge
Durchdringt die Zukunft und in Händen halt' ich
Den Schlüssel zu den Schätzen dieser Welt.
So thron' ich schicksallos, doch schicksalkundig,
Hoch über Allen und vergesse ganz,
Daß mir noch mehr verheißen ist. Es rollen
Jahrhunderte dahin, Jahrtausende,
Ich spür' es nicht! Doch endlich frag' ich mich:
Wo bleibt der Tod? Da geben meine Locken
Mir Antwort durch den Spiegel, sie sind schwarz
Und ungebleicht geblieben, und ich rufe:
Dieß ist das Dritte, daß der Tod nicht kommt!

(Sie sinkt zurück, die Mägde fangen sie auf.)

Frigga.

Was zag' ich noch? Und wär's der Balmungschwinger:
Jetzt hätte sie den Schild auch gegen ihn!
Er fällt, wenn sie ihn liebt und doch bekämpft,
Und sie wird kämpfen, nun sie dieses weiß.

Brunhild
(richtet sich hoch wieder auf.)

Ich sprach! Was war's?

Frigga.

Nimm deinen Bogen, Kind,
Dein Pfeil wird heute fliegen, wie noch nie,
Das Andere nachher!

Brunhild (zu den Recken).

So kommt!

Siegfried (zu Brunhild).

Du schwörst,
Uns gleich zu folgen, wenn Du unterliegst?

Brunhild (lacht).

Ich schwör's!

Siegfried.

So macht! Ich richt' indeß das Schiff!

Brunhild (zu Frigga im Abgehen).

Du gehst in den Trophäensaal und schlägst
Dort einen neuen Nagel ein!

(Zu den Recken.)

Wohlan!

(Alle ab.)

———

Zweiter Act.

Worms. Schloßhof.

Erste Scene.

(Rumolt und Giselher einander begegnend.)

Giselher.
Nun, Rumolt, soll ein Baum noch stehen bleiben?
Du führst ja Wochen lang schon Wälder ein
Du rüstest Dich so grimmig auf die Hochzeit,
Als kämen Mensch und Zwerg und Alf zugleich.

Rumolt.
Ich mache mich darauf gefaßt und fänd' ich
Den Kessel irgendwo nicht recht gefüllt,
So steckt' ich flugs den säum'gen Koch hinein
Und rührte mit dem Küchenjungen um.

Giselher.
So bist Du denn des Ausgangs schon gewiß?

Rumolt.
Ich bin's, weil Siegfried wirbt. Wer unterwegs
Zwei Königssöhne fängt und uns sie schickt,
Als ob es aufgescheuchte Hasen wären,
Der nimmt's wohl auch mit Teufelsweibern auf.

Giselher.
Da hast Du recht. Wir haben gute Pfänder
An diesem Lüdegast und Lüdeger!
Mit einem Heer gedachten sie zu kommen,
Wie nie Burgund ein gleiches noch geseh'n,
Und als Gefan'gne stellten sie sich ein,
Die nicht einmal des Hüters mehr bedurften:
Koch zu, Gesell, an Gästen fehlt's Dir nicht!

(Gerenot kommt.)

Da ist der Jäger!

Gerenot.
Aber nicht mit Wild!
Ich war auf uns'rem Thurm und sah den Rhein
Mit Schiffen, wie bedeckt.

Rumolt.
Das ist die Braut!
Da laß ich gleich zur Stunde Alles schlagen,
Was brummt und brüllt und blökt und grunzt im Hof,
Damit sie's in der Ferne schon vernimmt,
Wie sie empfangen werden soll!
(Es wird geblasen.)
Gerenot.
Zu spät!

Zweite Scene.

Siegfried (tritt mit Gefolge auf).
Da bin ich wieder!
Giselher.
Ohne meinen Bruder?
Siegfried.
Sei ruhig! Als sein Bote steh' ich hier! —
Doch nicht, um Dir die Meldung auszurichten!
Sie geht an Deine Mutter und ich hoffe,
Daß ich auch Deine Schwester sehen darf.
Giselher.
Das sollst Du, Degen, denn wir schulden Dir
Den Dank noch für die beiden Dänenprinzen.
Siegfried.
Ich wollte jetzt, ich hätt' sie nicht geschickt.
Giselher.
Warum? Du konntest uns nicht besser zeigen,
Was wir an Deinem Arm gewonnen haben,
Denn wahrlich, schlechte Männer waren's nicht.
Siegfried.
Mag sein! Doch hätte ich das nicht gethan,
So hätt' vielleicht ein Vogel das Gerücht
Verbreitet, daß sie mich erschlagen hätten,
Dann fragt' ich nun: wie nahm Kriemhild es auf?
Giselher.
Sie nützten Dir auch so genug bei uns!
Daß man sich die Metalle und das Erz
Durch tücht'ge Schläge zur Trompete rundet,

4*

Das hab' ich längst gewußt, von Menschen war's
Mir aber unbekannt, und diese Beiden
Beweisen, was ein Schmied, wie Du, vermag.
Sie lobten Dich — wenn Du's vernommen hättest,
Du wärst noch heute roth! Und das nicht bloß
Aus Klugheit, die den Feind wohl öfter preis't,
Weil sie die Schmach der eig'nen Niederlage
Dadurch vergoldet, nein, aus wahrer Lust.
Doch hörst Du das am besten von Kriemhild,
Die gar nicht müde ward sie auszufragen:
Da kommt sie her.

Dritte Scene.

(Ute und Kriemhild treten auf.)

Siegfried.
Ich bitte Dich!

Giselher.
Was ist?

Siegfried.
Nie wünscht' ich meinen Vater noch herbei,
Daß er mir sage, wie ich kämpfen solle.
Doch meine Mutter könnt' ich heute brauchen,
Um sie zu fragen, wie man reden muß.

Giselher.
Gib mir die Hand, wenn Du so blöde bist.
Man nennt mich hier das Kind. So mag man sehen,
Wie dieses Kind den Löwen führt!

(Er führt Siegfried den Frauen zu.)

Der Held
Aus Niederland!

Siegfried.
Erschreckt nicht, edle Frauen,
Daß ich's allein bin.

Ute.
Tapf'rer Siegfried, nein!
Das thun wir nicht, Du bist der Recke nicht,
Der übrig bleibt, wenn alle Ander'n fallen,
Damit das Unglück einen Boten hat.

Du meldest mir die neue Tochter an
Und Kriemhild ihre Schwester.

     Siegfried.
         Königin,
So ist's!

      Giselher.
  So ist's! Nichts weiter? Und auch das
Noch schwer herausgebracht! Mißgönnst Du sie
Dem König, meinem Bruder, oder hast Du,
Es ist bis jetzt kein Beispiel zwar bekannt,
Im Kampf die Zunge Dir verstaucht? Doch nein,
Du brauchtest sie vorhin ja flink genug,
Als Du mir von Brunhildens braunen Augen
Und schwarzem Haar erzähltest

     Siegfried.
       Glaubt es nicht!

     Giselher.
Er hebt, um es mit Nachdruck abzuleugnen,
Noch drei von seinen Fingern auf und schwört
Zu Blau und Blond.

     Ute.
      Dieß ist ein arger Schalk,
Der zwischen Birk' und Haselstaude steht:
Der Ruthe seiner Mutter längst entwachsen,
Hat er des Vaters Gerte nie gespürt
Und ist so übermüthig, wie ein Füllen,
Das nichts vom Zaum und von der Peitsche weiß.
Vergieb ihm, oder züchtʼge ihn!

     Siegfried.
       Das möchte
Gefährlich sein! Ein wildes Füllen zäumen
Ist schwer, und Mancher hinkt beschämt davon,
Bevor er es besteigen kann!

     Ute.
       So geht
Er wieder ohne Strafe aus!

     Giselher.
       Zum Dank
Will ich Dir was verrathen.

Kriemhild.
      Gifelher!
Gifelher.
Haft Du was zu verbergen? Fürchte Nichts!
Ich kenne Dein Geheimniß nicht und blase
Von Deinen Kohlen keine Asche ab.
Ute.
Was ist es denn?
Gifelher.
      Jetzt hab' ich's selbst vergessen!
Wenn eine Schwester plötzlich so erröthet,
So denkt man doch als Bruder d'rüber nach
Und fragt sich nach dem Grund. Ei nun, gleich viel!
Mir fällt's wohl noch vor'm Sterben wieder ein
Und dann erfährt er's gleich.
Siegfried.
      Du magst wohl spotten,
Denn ich vergesse meinen Auftrag ganz,
Und eh' ich Euch noch in die Sonntagskleider
Getrieben habe, hört ihr die Trompeten,
Und Gunther zieht mit seiner Braut hier ein!
Gifelher.
Siehst Du den Küchenmeister denn nicht rennen?
Dem hat Dein Kommen schon genug gesagt!
Doch helf' ich ihm!
      (Er geht zu Rumolt.)
Kriemhild.
      So edlem Boten dürfen
Wir keine Gabe bieten!
Siegfried.
      Doch! O doch!
Kriemhild
(nestelt an einer Spange und läßt dabei ihr Tuch fallen).
      Siegfried (hascht nach dem Tuch).
Und diese sei's!
Kriemhild.
      Die ziemt nicht Dir, noch mir!
Siegfried.
Kleinodien sind mir, was den Andern Staub,

Aus Gold und Silber kann ich Häuser bau'n,
Doch fehlt mir solch ein Tuch.
Kriemhild.
So nimm es hin.
Ich hab' es selbst gewirkt.
Siegfried.
Und gibst Du's gern?
Kriemhild.
Mein edler Siegfried, ja, ich geb' es gern!
Ute.
Doch nun erlaubt — es wird auch Zeit für uns!
(Ab mit Kriemhild.)

Vierte Scene.

Siegfried.
So steht ein Roland da, wie ich hier stand!
Mich wundert's, daß kein Spatz in meinem Haar
Genistet hat.

Fünfte Scene.

Der Kaplan (tritt heran).
Verzeiht mir, edler Recke,
Ist Brunhild denn getauft?
Siegfried.
Sie ist getauft!
Kaplan.
So ist's ein christlich Land, aus dem sie kommt?
Siegfried.
Man ehrt das Kreuz.
Kaplan (tritt wieder zurück).
Man ehrt's wohl so, wie hier,
Wo man sich's neben einer Wodans=Eiche
Gefallen läßt, weil man nicht wissen kann,
Ob ihm kein Zauber inne wohnt, so wie
Der frömmste Christ ein Götzenbild noch immer
Nicht leicht zerschlägt, weil sich ein letzter Rest
Der alten Furcht noch leise in ihm regt,
Wenn er es glotzen sieht.

Sechste Scene.

(Fanfaren. Brunhild, Frigga, Gunther, Hagen, Volker, Gefolge. Kriemhild und Ute aus der Burg ihnen entgegen.)

Gunther.
                            Da ist die Burg,
Und meine Mutter naht mit meiner Schwester,
Dich zu begrüßen.
                Volker
(zu Brunhild, während die Frauen sich entgegenschreiten).
                Sind die kein Gewinn?
                Hagen.
Siegfried, ein Wort mit Dir! Dein Rath war schlecht.
                Siegfried.
Mein Rath war schlecht? Ist sie nicht überwunden?
Steht sie nicht da?
                Hagen.
            Was ist damit erreicht?
                Siegfried.
Ich denke, Alles.
                Hagen.
                Nichts! Wer ihr den Kuß
Nicht rauben kann, der wird sie nimmermehr
Bewältigen, und Gunther kann es nicht.
                Siegfried.
Hat er's versucht?
                Hagen.
            Würd' ich denn sonst wohl reden?
Vorher! Im Angesicht der Burg. Sie sträubte
Sich Anfangs, wie es einer Magd geziemt
Und wie sich uns're Mütter sträuben mochten,
Doch, als sie merkte, daß ein Daumendruck
Genügte, um den Freier fort zu schnellen,
Da ward sie toll, und als er doch nicht wich,
Ergriff sie ihn und hielt ihn, uns und ihm
Zur ew'gen Schmach, mit vorgestrecktem Arm
Weit in den Rhein hinaus.

Siegfried.
Ein Teufelsweib!
Hagen.
Was schiltst Du? Hilf!
Siegfried.
Ich denke, wenn der Priester
Sie erst verband —
Hagen.
Wär' nur die Alte nicht,
Die Magd, die sie begleitet. Diese späht
Und fragt den ganzen Tag und sitzt bei ihr,
Wie ihr Verstand von Siebzig oder Achtzig!
Die fürcht' ich mehr, als sie!
Ute (zu Kriemhild und Brunhild).
So liebt Euch denn
Und laßt den Ring, den Eure Arme jetzt
Im ersten Herzensdrang geschlossen haben,
Allmälig sich zu einem Kreis erweitern,
In dem Ihr Euch mit gleichem Schritt und Tritt
Und gleicher Lust um einen Punkt bewegt.
Ihr werdet's besser haben, als ich selbst,
Denn, was ich meinem Herrn nicht sagen durfte,
Das mußt' ich ganz verschlucken, und so konnt' ich
Zum wenigsten nicht klagen über ihn.
Kriemhild.
Wir wollen Schwestern werden.
Brunhild.
Euretwegen
Mag Euer Sohn und Bruder noch vor Nacht
Das Zeichen, das zu seiner Magd mich stempelt,
Mir auf die Lippen drücken, denn ich bin
Noch ungebrannt, wie ein zu junger Baum,
Auch hielt' ich mir, wenn Ihr sie nicht versüßtet,
Die Schmach, die mich bedroht, wohl ewig fern.
Ute.
Du sprichst von Schmach?
Brunhild.
Vergebt mir dieses Wort,

Doch sprech' ich, wie ich fühle. Ich bin fremd
In Eurer Welt und wie die meine Euch
Erschrecken würde, wenn Ihr sie beträtet,
So ängstigt mich die Eurige. Mir däucht,
Ich hätt' hier nicht geboren werden können
Und soll hier leben! — Ist der Himmel immer
So blau?

Kriemhild.
Nicht immer. Doch die meiste Zeit.
Brunhild.
Wir kennen gar kein Blau, als das des Auges,
Und das nur im Verein mit rothem Haar
Und einem Milchgesicht! Und ist es immer
So still hier in der Luft?

Kriemhild.
Zuweilen steigen
Auch Wetter auf, dann wird's bei Tage Nacht
Und Blitz und Donner rasen.

Brunhild.
Käme das
Nur heute noch! Mir wär's, wie Heimatsgruß.
Ich kann mich nicht an so viel Licht gewöhnen,
Es thut mir weh, mir ist, als ging' ich nackt,
Als wäre kein Gewand hier dicht genug! —
Das sind wohl Blumen? Roth und gelb und grün!

Kriemhild.
Du sahst sie nie und kennst die Farben doch?

Brunhild.
Wir haben Edelsteine aller Art,
Nur weiße nicht und schwarze, aber weiß
Ist meine eig'ne Hand und schwarz mein Haar.

Kriemhild.
So weißt Du Nichts vom Duft!
(Sie pflückt ihr ein Veilchen.)

Brunhild.
O der ist schön!
Und diese kleine Blume haucht ihn aus,
Die einz'ge, die mein Auge nicht bemerkte?

Der möcht' ich einen süßen Namen geben,
Doch hat sie wohl schon einen.

Kriemhild.
Keine ist
Demüthiger, als sie, und keine hätte
Dein Fuß so leicht zertreten, denn sie scheint
Sich fast zu schämen, mehr zu sein als Gras,
So tief versteckt sie sich, und dennoch schmeichelt
Sie Dir die ersten sanften Worte ab.
Sei sie Dir denn ein Zeichen, daß sich Manches
Vor Deinem Blick hier noch verbergen mag,
Was Dich beglücken wird.

Brunhild.
Ich hoff's und glaub's! —
Doch thut's auch noth! Du weißt nicht, was es heißt,
Ein Weib zu sein und doch in jedem Kampf
Den Mann zu überwinden, und die Kraft,
Die ihn verläßt, aus dem verströmten Blut,
Das Dir entgegen dampft, durch's bloße Athmen
In Dich zu trinken! Immer stärker Dich
Zu fühlen, immer muthiger, und endlich,
Wenn Du des Sieg's gewisser bist, als je —
(In plötzlicher Wendung.)
Frigga, ich frag' Dich noch einmal! Was war's,
Was sah und sprach ich vor dem letzten Kampf?

Frigga.
Du scheinst im Geist dieß Land geseh'n zu haben.

Brunhild.
Dieß Land!

Frigga.
Und warst entzückt.

Brunhild.
Ich war entzückt! —
Doch Deine Augen flammten.

Frigga.
Weil ich Dich
So glücklich sah.

     Brunhild.
      Und diese Recken schienen
Mir weiß, wie Schnee.
     Frigga.
       Sie waren's schon vorher.
     Brunhild.
Warum verhehltest Du's mir denn so lange?
     Frigga.
Es ward mir selbst erst diese Stunde klar,
Wo ich vergleichen kann.
     Brunhild.
       Wenn ich entzückt
Gewesen bin, als ich dieß Land erblickte,
So muß ich's wieder werden.
     Frigga.
       Zweifle nicht.
     Brunhild.
Es kommt mir doch so vor, als hätte ich
Von Sternen und Metallen —
     Frigga.
       Auch, ja wohl!
Du sprachst, die Sterne funkelten hier heller,
Doch Gold und Silber wären dafür blind.
     Brunhild.
Ei so!
     Frigga (zu Hagen).
  Nicht wahr?
     Hagen.
      Ich hab' nicht d'rauf gehört.
     Brunhild.
Ich bitt' Euch Alle, nehmt mich für ein Kind,
Ich werde schneller wachsen, wie ein and'res,
Doch bin ich jetzt nicht mehr.
     (Zu Frigga.)
       Das also war's?
     Frigga.
Das war's!
     Brunhild.
  So ist's ja gut! So ist's ja gut! —

Ute (zu Gunther, welcher herantritt).
Mein Sohn, wenn sie zu herb ist gegen Dich,
Laß ihr nur Zeit! Bei dem Geschrei der Krähen
Und Raben, das sie hörte, konnte sich
Ihr Herz nicht öffnen, doch es wird gescheh'n
Bei Lerchenruf und Nachtigallenschlag.

Hagen.
So spricht der Spielmann, wenn er's Fieber hat
Und junge Hunde streichelt. Sei's darum.
Der Jungfrau gönne Zeit, sich zu besinnen,
Die Fürstin aber halte gleich beim Wort.
Sie ist die Deine durch das Recht der Waffen,
So greife zu!
(Ruft.)
Kaplan!
(Schreitet voran.)
Gunther.
Ich folg' Dir gern!

Siegfried.
Halt, Gunther, halt, was hast Du mir gelobt?
Gunther.
Kriemhild, darf ich den Gatten für Dich wählen?
Kriemhild.
Mein Herr und Bruder, füg' es, wie Du magst!
Gunther (zu Ute).
Ich habe keinen Widerspruch zu fürchten?
Ute.
Du bist der König, ich bin Magd, wie sie!
Gunther.
So bitt' ich Dich inmitten meiner Sippen:
Lös' einen Eid für mich und sie, und reiche
Dem edlen Siegfried Deine Hand.

Siegfried.
Ich kann
Nicht reden, wie ich möchte, wenn ich Dir
In's Antlitz sehe, und von meinem Stottern
Hast Du vorhin wohl schon genug gehabt,
D'rum frag' ich Dich, wie jeder Jäger fragt,

Nur daß ich nicht dabei vom Hut die Federn
Herunter blase: Jungfrau, willst Du mich?
Doch, daß Dich nicht die Einfalt selbst besteche,
Und Du nicht völlig unberathen seist,
So laß Dir noch vor Ja und Nein vermelden,
Wie meine Mutter mich zu schelten pflegt.
Sie sagt, ich sei zwar stark genug, die Welt
Mir zu erobern, aber viel zu dumm,
Den kleinsten Maulwurfshügel zu behaupten,
Und wenn ich nicht die Augen selbst verlöre,
So läg's allein an der Unmöglichkeit.
Auch magst Du ihr das Eine willig glauben,
Das And're aber werd' ich widerlegen,
Denn wenn ich Dich nur erst erobert habe,
So soll man seh'n, wie ich behaupten kann!
Nun denn, noch einmal: Kriemhild, willst Du mich?

Kriemhild.
Du lächelst, Mutter! O, ich habe nicht
Vergessen, was ich träumte, und der Schauder
Ist nicht entfloh'n, er warnt mich mehr, als je,
Doch eben darum sag' ich muthig: Ja!

Brunhild (tritt zwischen Kriemhild und Siegfried).
Kriemhild!

Kriemhild.
Was willst Du?

Brunhild.
Mich als Schwester Dir
Beweisen!

Kriemhild.
Jetzt? Worin?

Brunhild (zu Siegfried).
Wie darfst Du's wagen,
Die Hand nach ihr, nach einer Königstochter,
Nur auszustrecken, da Du doch Vasall
Und Dienstmann bist!

Siegfried.
Wie?

Brunhild.
Kamst Du nicht als Führer
Und gingst als Bote?

(Zu Gunther.)
Und wie kannst Du's dulden
Und unterstützen, daß er's thut?
Gunther.
Er ist
Der Erste aller Recken!
Brunhild.
Dafür weis' ihm
Den ersten Platz an Deinem Throne an.
Gunther.
Er ist an Schätzen reicher als ich selbst!
Brunhild.
Pfui! Giebt ihm das ein Recht auf Deine Schwester?
Gunther.
Er hat mir tausend Feinde schon erschlagen.
Brunhild.
Der Held, der mich besiegte, dankt ihm das?
Gunther.
Er ist ein König, wie ich selbst.
Brunhild.
Und stellte
Doch zu den Knechten sich?
Gunther.
Dieß Räthsel will ich
Dir lösen, wenn Du mein geworden bist!
Brunhild.
Nie werd' ich's, eh' ich Dein Geheimniß weiß.
Ute.
So willst Du mich durchaus nicht Mutter nennen?
Verschieb' es nicht zu lange, ich bin alt,
Auch trug ich manches Leid!
Brunhild.
Ich folge ihm
Zur Kirche, wie ich schwur, und werde Dir
Mit Freuden Tochter, aber ihm nicht Weib.
Hagen (zu Frigga).
Beschwichtg'ge sie!

Frigga.
Was braucht es mein dazu?
Wenn er sie einmal überwunden hat,
So wird's ihm auch das zweite Mal gelingen,
Doch ist's ein Recht der Magd, daß sie sich sträubt.

Siegfried (Kriemhild bei der Hand fassend).
Daß ich mich gleich als König hier erweise,
So schenk' ich Dir den Nibelungenhort.
Und nun zu meinem Recht und Deiner Pflicht.
(Er küßt sie.)

Hagen.
Zum Dom!

Frigga.
Hat er den Nibelungenhort?

Hagen.
Du hörst. Trompeten!

Frigga.
Auch die Balmungklinge?

Hagen.
Warum nicht? Holla, blas't die Hochzeit ein!
(Rauschende Musik. Alle ab.)

Siebente Scene.

Halle. Truchs und Wulf treten auf. Zwerge tragen Schätze über die Bühne.

Truchs.
Ich steh' zu Kriemhild.

Wulf.
So? Zu Brunhild ich.

Truchs.
Warum, wenn's Dir beliebt?

Wulf.
Wie brächtest Du
Dein Lanzenspiel zusammen, wenn wir Alle
Dieselbe Farbe hielten?

Truchs.
Diesen Grund
Muß ich Dir gelten lassen, aber sonst
Wär's Tollheit.

Wulf.
Ho! Das sag' nur nicht zu laut,
Denn Viele giebt's, die zu der Fremden schwören.
Truchs.
Es ist ein Unterschied, wie Tag und Nacht.
Wulf.
Wer läugnet das? Doch Mancher liebt die Nacht!
(Zeigt auf die Zwerge.)
Was schleppen die?

Truchs.
Ich denk', es ist der Hort,
Denn Siegfried hat ihn von den Nibelungen,
Als er sie zum Geleit hieher entbot,
Gleich mit herauf gebracht, und wie ich höre,
Ist er zum Witthum für Kriemhild bestimmt.
Wulf.
Unholde, diese Zwerge! Hohl im Rücken!
Kehr' einen um, so liegt ein Backtrog da.
Truchs.
Sie hausen auch ja mit dem Wurmgeschlecht
Im Bauch der Erde und in Bergeshöhlen,
Und sind des Maulwurfs Vettern.
Wulf.
Aber stark!
Truchs.
Und klug! Der braucht nach der Alraunenwurzel
Nicht mehr zu späh'n, der die zu Freunden hat.
Wulf (zeigt auf die Schätze).
Wer das besitzt, braucht alle Beide nicht.
Truchs.
Ich möcht' es kaum. Es ist ein altes Wort,
Daß Zaubergold noch durstiger nach Blut,
Als ausgedörrter Schwamm nach Wasser ist;
Auch führen diese Nibelungen-Recken
Gar wunderliche Reden.
Wulf.
Von dem Raben!
Was war es doch? Ich hab's nur halb gehört.

Truchs.
Ein Rabe hat sich auf das Gold gesetzt,
Als man's zum Schiff hinunter trug, und so
Gekrächzt, daß Siegfried, weil er ihn verstand,
Sich erst die Ohren zugehalten und
Gepfiffen, dann nach ihm mit Edelsteinen
Geworfen, und zuletzt, weil er nicht wich,
Sogar den Speer geschleudert haben soll!

Wulf.
Das will was heißen! Denn er ist im Grunde
So sanft, als tapfer.
(Es wird geblasen.)
Horch, das gilt auch uns!
Sie sammeln sich. Hie Brunhild!

Truchs.
Kriemhild hie!
(Ab. Andere Recken, die sich inzwischen gesammelt haben, schließen sich
an und wiederholen den Ruf. Es wird nach und nach dunkel.)

Achte Scene.

(Hagen und Siegfried treten auf.)

Siegfried.
Was willst Du, Hagen? Warum winkst Du mich
Hinweg von dem Bankett? Ich werde nie
So wieder sitzen, wie ich heute sitze,
So gönnt mir doch den Tag, ich hab's ja wohl
Um Euch verdient.

Hagen.
Es gibt noch mehr zu thun.

Siegfried.
Verschieb's auf Morgen! Die Minute gilt
Mir heut ein Jahr, ich kann die Worte zählen,
Die ich mit meiner Braut gesprochen habe,
So laßt mir doch den Abend für mein Weib.

Hagen.
Verliebte und Berauschte störte ich
Noch niemals ohne Noth. Es hilft Dir nichts,
Daß Du Dich sträubst, Du mußt. Was Brunhild sprach,

Haſt Du gehört, und wie ſie Hochzeit hält,
Siehſt Du ja wohl, ſie ſitzt bei Tiſch und weint.

Siegfried.
Kann ich es ändern?

Hagen.
    Daß ſie halten wird,
Was ſie gelobte, iſt nicht zweifelhaft,
Und daß die Schande unauslöſchlich wäre,
Noch weniger! Dieß leuchtet Dir doch ein?

Siegfried.
Was folgt daraus?

Hagen.
    Daß Du ſie länd'gen mußt!
(Gunther tritt hinzu.)

Siegfried.
Ich?

Hagen.
  Hör' mich an! Der König geht mit ihr
In's Schlafgemach. Du folgſt ihm in der Kappe.
Er fordert, eh' ſie ſich das Tuch noch lüſtet,
Mit Ungeſtüm den Kuß. Sie weigert ihn.
Er ringt mit ihr. Sie lacht und triumphirt.
Er löſcht, als wär's von ungefähr, das Licht
Und ruft: So weit der Spaß und nun der Ernſt,
Hier wird es anders geh'n, als auf dem Schiff!
Dann packſt Du ſie und zeigſt ihr ſo den Meiſter,
Bis ſie um Gnade, ja um's Leben fleht.
Iſt das geſcheh'n ſo läßt der König ſie
Zu ſeiner unterthän'gen Magd ſich ſchwören,
Und Du entfernſt Dich, wie Du kamſt!

Gunther.
      Biſt Du
Bereit, mir dieſen letzten Dienſt zu leiſten?
Ich ford're niemals einen mehr von Dir.

Hagen.
Er wird und muß. Er hat es angefangen.
Wie ſollt' er's nicht auch enden?

Siegfried.
      Wollt' ich auch,
Und wahrlich, Ihr verlangt ein Stück von mir,
Das ich wohl auch an einem andern Tage,
Als an dem Hochzeitstag, Euch weigern dürfte,
Wie könnt' ich nur? Was sagt' ich zu Kriemhild?
Sie hat schon jetzt so viel mir zu vergeben,
Daß mir der Boden unter'm Fuße brennt;
Wollt' ich den Fehl noch einmal wiederholen,
So könnte sie's im Leben nicht verzeih'n.

Hagen.
Wenn eine Tochter von der Mutter scheidet,
Und aus dem Zimmer, wo die Wiege stand,
In's Brautgemach hinüber schreiten soll,
So giebt es einen langen Abschied, Freund!
Die Zeit reicht hin für Dich und also — Topp!
  (Da Siegfried die Hand weigert)
Brunhild ist jetzt ein angeschoss'nes Wild,
Wer wird es mit dem Pfeil so laufen lassen,
Ein edler Jäger schickt den zweiten nach.
Verloren ist verloren, hin ist hin,
Die stolze Erbin der Walkyrien
Und Nornen liegt im Sterben, tödte sie ganz,
Dann lacht ein munt'res Weib uns morgen an,
Das höchstens spricht: ich habe schwer geträumt!

Siegfried.
Ich weiß nicht, was mich warnt.

Hagen.
     Du denkst, Frau Ute
Ist fertig, eh' Du selbst! Verlaß Dich d'rauf,
Sie ruft Kriemhild nach Segen und Umarmung
Noch drei Mal wieder um!

Siegfried.
    Und dennoch: Nein!

Hagen.
Was? Wenn in diesem Augenblick ein Bote
Erschiene und Dir meldete, Dein Vater
Läg' auf den Tod darnieder, riefest Du

Nicht gleich nach Deinem Roß und triebe Dich
Dein Weib nicht selbst hinauf? Nun kann ein Vater
Doch selbst als Greis genesen, doch die Ehre,
Einmal erkrankt, und dann nicht rasch geheilt,
Steht niemals wieder von den Todten auf.
Und eines Königs Ehre ist der Stern,
Der alle seine Recken mit beleuchtet
Und mit verdunkelt! Weh' dem Zauberer,
Der ihm nur Einen seiner Strahlen raubt.
Vermöchte ich's, so bät' ich Dich nicht länger,
Ich thät' es selbst und wäre stolz darauf,
Doch Zauberkünste haben's angefangen
Und Zauberkünste müssen's nun auch enden:
So thu's denn! Soll ich knie'n?

Siegfried.

Ich thu's nicht gern!
Wer hätt' sich das gedacht! Und dennoch lag's
So nah'! O, drei Mal heilige Natur!
Mich widert's, wie noch nie in meinem Leben,
Doch was Du sagst, hat Grund und also sei's.

Gunther.

Ich gebe meiner Mutter einen Wink —

Hagen.

Nein! Nein! Kein Weib! Wir steh'n allhier zu Dreien
Und haben, hoff' ich, keine einz'ge Zunge,
Der Vierte in uns'rem Bunde sei der Tod!

(Alle ab.)

Dritter Act.

Morgen. Schloßhof. An der einen Seite der Dom.

Erste Scene.

(Rumolt und Dankwart treten gerüstet auf.)

Rumolt.

Drei Todte!

Dankwart.

Nun, für gestern war's genug,
Es war ja nur ein Vorspiel! Heute wird's
Wohl anders kommen.

Rumolt.

Diese Nibelungen
Sind mit den Todtenhemden gleich verseh'n,
Ein Jeder führt es bei sich, wie sein Schwert.

Dankwart.

Man hat im Norden wunderliche Bräuche,
Denn, wie die Berge wilder werden, wie
Die muntren Eichen düstern Tannen weichen,
So wird der Mensch auch finst'rer, bis er endlich
Sich ganz verliert und nur das Thier noch haus't!
Erst kommt ein Volk, das nicht mehr singen kann,
An dieses grenzt ein and'res, das nicht lacht,
Dann folgt ein stummes, und so geht es fort.

Zweite Scene.

(Musik. Großer Zug. Wulf und Truchs unter den Recken.)

Rumolt (indem er sich mit Dankwart anschließt).
Wird Hagen jetzt zufrieden sein?

Dankwart.

Ich denk's!
Das ist ein Aufgebot, wie für den Krieg!
Doch hat er recht, denn diese Königin
Braucht and're Morgenlieder, als die Lerche
Sie hören läßt, die in der Linde pfeift!

(Gehen vorüber).

Dritte Scene.

(Siegfried erscheint mit Kriemhild.)

Kriemhild (auf ihr Gewand deutend).
Nun? Dankst Du's mir?

Siegfried.
Ich weiß nicht, was Du meinst.

Kriemhild.
Sieh mich nur an!

Siegfried.
Ich dank' Dir, daß Du bist,
Daß Du so lächelst, daß Du blaue Augen
Und keine schwarze hast —

Kriemhild.
Du lobst den Herrn
In seiner Magd! Du Thor, hab' ich mich selbst
Geschaffen und die Augen, die Du rühmst,
Mir ausgesucht?

Siegfried.
Die Liebe, dünkt mich, könnte
So seltsam träumen! Ja, an einem Morgen,
Wo Alles mailich funkelte, wie heut,
Hast Du die beiden hellsten Tropfen Thau's,
Die an den beiden blau'sten Glocken hingen,
Dir weggehascht, und trägst seitdem den Himmel
Zwiefach im Antlitz.

Kriemhild.
Lieber dank's mir doch,
Daß ich als Kind so klug gefallen bin,
Denn diese Augen waren arg bedroht,
Als ich mir hier die Schläfe zeichnete.

Siegfried.
Laß mich die Narbe küssen!

Kriemhild.
Hitz'ger Arzt,
Verschwende Deinen Balsam nicht, die Wunde
Ist längst geheilt! Nein, weiter!

Siegfried.
Nun, so danke
Ich Deinem Mund —
Kriemhild.
Mit Worten?
Siegfried (will sie umarmen).
Darf ich so?
Kriemhild (weicht zurück).
Glaubst Du, ich ford're auf?
Siegfried.
Mit Worten denn
Für Worte! Nein, für Süßeres, als Worte,
Für Dein Gelispel holder Heimlichkeiten,
Dem Ohr so köstlich, wie Dein Kuß der Lippe,
Und für die Heimlichkeiten selbst, für's Lauschen
Am Fenster, als wir in die Wette warfen,
O, hätte ich's geahnt! und für Dein Höhnen
Und Spotten —
Kriemhild.
Um mit Ehren zu verweilen,
Nicht wahr, so legst Du's aus? Wie boshaft, Freund!
Das sagt' ich Dir im Dunkeln! Willst Du seh'n,
Ob ich erröthe, wenn Du's jetzt bei Tage
Mir wiederholst? Mein Blut ist gar zu dumm,
Es steigt und fällt zu rasch, und meine Mutter
Vergleicht mich oft mit einem Rosenstock,
Der Roth und Weiß auf Einem Stengel trägt.
Sonst hätt'st Du nichts von alledem erfahren,
Doch fühlt' ich's wohl, wie meine Wangen brannten,
Als mich mein Bruder gestern morgen neckte,
Da mußt' ich Dir die Missethat gesteh'n!
Siegfried.
Daß der den besten Hirsch noch heute träfe!
Kriemhild.
Und ihn verfehlte! Ja! Das wünsch' ich auch, —
Du bist wohl Einer, wie mein Ohm, der Tronjer,
Der einen neuen Rock, den man ihm stickt
Und heimlich vor sein Bette legt, nur dann
Bemerkt, wenn er zu eng gerieth.

Siegfried.
                    Warum?
        Kriemhild.
Du siehst nur das, was Gott und die Natur
An mir gethan, mein eigenes Verdienst
Entgeht Dir, das beginnt erst bei den Kleidern,
Und nicht einmal der Gürtel fällt Dir auf.
        Siegfried.
Nun, der ist bunt! Doch lieber möcht' ich noch
Den Regenbogen um den Leib Dir winden,
Mir däucht, der paßt zu Dir und Du zu ihm.
        Kriemhild.
Bring' mir ihn nur zur Nacht, so wechsle ich,
Doch wirf' ihn nicht so hin, wie diesen andern,
Ich hätte Dein Geschenk fast überseh'n.
        Siegfried.
Was redest Du?
            Kriemhild.
                Wenn nicht die Steine wären,
So läge er wohl jetzt noch unter'm Tisch,
Doch Feuer kann sich freilich nicht verstecken.
        Siegfried.
Der wär' von mir?
            Kriemhild.
                Gewiß!
        Siegfried.
                    Kriemhild, Du träumst!
        Kriemhild.
Ich fand ihn in der Kammer.
        Siegfried.
                    Deine Mutter
Wird ihn verloren haben!
        Kriemhild.
                    Meine Mutter!
O nein, ich kenne ihren Schmuck! Ich dachte,
Er stamme aus dem Nibelungenhort,
Und legt' ihn eilig an, Dich zu erfreu'n!
        Siegfried.
Das dank' ich Dir, allein ich kenn' ihn nicht!

Kriemhild (nimmt den Gürtel ab).
Dann mach' der gold'nen Borte wieder Platz,
Die Du bedeckst! Ich war schon ganz geschmückt
Und schnallte ihn nur über, um die Mutter
Und Dich zugleich zu ehren, denn die Borte
Ist von der Mutter!

Siegfried.
Das ist wunderlich! —
Du fand'st ihn an der Erde?

Kriemhild.
Ja!

Siegfried.
Zerknüllt?

Kriemhild.
Siehst Du, daß Du ihn kennst! Der zweite Spaß
Gelang Dir, wie der erste, und ich habe
Zwiefache Müh'!
(Sie will den Gürtel wieder umschnallen.)

Siegfried.
Um Gottes Willen, nein!

Kriemhild.
Ist das Dein Ernst?

Siegfried (für sich).
Sie suchte mir die Hände
Zu binden.

Kriemhild.
Lachst Du nicht?

Siegfried (für sich).
Da ward ich wüthend
Und brauchte meine Kraft.

Kriemhild.
Noch immer nicht?

Siegfried (für sich).
Ich riß ihr etwas weg!

Kriemhild.
Bald werd' ich's glauben.

Siegfried (für sich).
Das pfropft' ich, weil sie wieder darnach griff,
Mir in den Busen, und — — Gib her, gib her,

Kein Brunnen ist so tief, den zu verbergen,
Ein Stein daran, und in den Rhein hinab!

Kriemhild.

Siegfried!

Siegfried.
Er ist mir dann entfallen! — Gib!

Kriemhild.
Wie kam er denn in Deine Hand?

Siegfried.
Dieß ist
Ein furchtbar unglückseliges Geheimniß,
Verlange keinen Theil daran.

Kriemhild.
Du hast
Mir doch ein größ'res anvertraut, ich kenne
Die Stelle, wo der Tod Dich treffen kann.

Siegfried.
Das hüte ich allein!

Kriemhild.
Das and're hüten
Wohl Zwei!

Siegfried (für sich).
Verflucht! Ich eilte mich zu sehr!

Kriemhild (bedeckt sich das Gesicht).
Du schwurst mir etwas! Warum that'st Du das?
Ich hatt' es nicht verlangt.

Siegfried.
Bei meinem Leben,
Ich habe nie ein Weib erkannt!

Kriemhild (hält den Gürtel in die Höhe).

Siegfried.
Ich wurde
Damit gebunden.

Kriemhild.
Wenn's ein Löwe sagte,
Es wäre glaublicher!

Siegfried.
Und doch ist's wahr!

Kriemhild.

Dieß schmerzt! Ein Mann, wie Du, kann keinen Fehler
Begeh'n, der ihn, wie schlimm er immer sei,
Nicht doch noch besser kleidet, als die Lüge,
Womit er ihn bedecken will.
(Gunther und Brunhild treten auf.)

Siegfried.
Weg, weg!
Man kommt!

Kriemhild.
Wer kommt? Brunhild? Kennt die den Gürtel?

Siegfried.
Verbirg ihn doch!

Kriemhild.
Nein, nein, ich zeige ihn!

Siegfried.
Verstecke ihn, so sollst Du Alles wissen.

Kriemhild (indem sie den Gürtel verbirgt).
Sie kennt ihn also wirklich?

Siegfried.
Hör' mich an!
(Beide folgen dem Zuge.)

Vierte Scene.

Brunhild.
War das nicht Kriemhild?

Gunther.
Ja!

Brunhild.
Wie lange bleibt
Sie noch am Rhein?

Gunther.
Sie wird wohl nächstens zieh'n,
Denn Siegfried muß zu Haus.

Brunhild.
Ich geb' ihm Urlaub
Und schenke ihm den Abschied obendrein.

Gunther.
Ist er Dir so verhaßt?

Brunhild.
Ich kann's nicht seh'n,
Daß Deine edle Schwester sich erniedrigt.
Gunther.
Sie thut, wie Du.
Brunhild.
Nein, nein, Du bist ein Mann!
Und dieser Name, der mir sonst so feindlich
Erklang, erfüllt mich jetzt mit Stolz und Lust!
Ja, Gunther, ich bin wunderbar verwandelt:
Du siehst's ja wohl? Ich könnte Dich was fragen
Und thu' es nicht!
Gunther.
Du bist mein edles Weib!
Brunhild.
Ich hör' mich gern so nennen, und es kommt
Mir jetzt so seltsam vor, daß ich das Roß
Getummelt und den Speer geworfen habe,
Als säh' ich Dich den Bratenwender dreh'n!
Ich mag die Waffen nicht mehr seh'n, auch ist
Mein eig'ner Schild mir jetzt zu schwer, ich wollte
Ihn auf die Seite stellen und ich mußte
Die Magd um Beistand rufen! Ja, ich möchte
Jetzt lieber lauschen, wie die Spinnen weben
Und wie die Vögel ihre Nester bau'n,
Als Dich begleiten!
Gunther.
Dieß Mal muß es sein!
Brunhild.
Ich weiß, warum. Vergieb mir! Großmuth war's,
Was ich für Ohnmacht hielt, Du wolltest mich
Nur nicht beschämen, als ich auf dem Schiff
So unhold trotzte! Davon wohnte Nichts
In meiner Brust, und darum ist die Kraft,
Die sich in einer Laune der Natur
Zu mir verirrte, heimgekehrt zu Dir!
Gunther.
Versöhne Dich, da Du so milde bist,
Denn auch mit Siegfried!

Brunhild.
            Diesen nenne nicht!
Gunther.
Doch hast Du keinen Grund, ihm gram zu sein.
            Brunhild.
Ich hab' auch keinen! Wenn ein König sich
So weit erniedrigt, Führerdienst zu leisten
Und Boten abzulösen, ist es zwar
So wunderlich, als ließe sich der Mensch
Für's Pferd den Sattel auf den Rücken schnallen
Und bellte oder jagte für den Hund,
Allein, wenn's ihm gefällt, was kümmert's mich!
            Gunther.
So war es nicht.
            Brunhild.
            Auch wird's nur um so lust'ger,
Wenn er dabei so hoch an Haupt und Gliedern
Hervorragt vor den Andern, daß man glaubt,
Er sammle sich von allen Königen
Der Welt die Kronen ein, um eine einz'ge
Daraus zu schmieden und die Majestät
Zum ersten Mal im vollen Glanz zu zeigen,
Denn, das ist wahr, so lange auf der Erde
Noch mehr als eine glänzt, ist keine rund,
Und statt des Sonnenringes trägst auch Du
Nur einen blassen Halbmond auf der Stirn!
            Gunther.
Siehst Du, daß Du ihn schon mit andern Augen
Betrachtet hast?
            Brunhild.
            Ich habe ihn vor Dir
Begrüßt! Das räche! Ford're — tödte ihn!
            Gunther.
Brunhild! Er ist der Gatte meiner Schwester
Und sein Blut ist das meinige.
            Brunhild.
                        So kämpfe
Mit ihm und wirf ihn nieder in den Staub
Und zeige mir, wie herrlich Du erscheinst,
Wenn er der Schemel Deiner Füße ist.

Gunther.
Auch das ist hier nicht Brauch.
Brunhild.
Ich laß nicht ab,
Ich muß es einmal seh'n. Du hast den Kern,
Das Wesen, er den Schein und die Gestalt!
Zerblase diesen Zauber, der die Blicke
Der Thoren an ihn fesselt. Wenn Kriemhild
Die Augen, die sie jetzt an seiner Seite
Doch fast zu kühn erhebt, auch senken muß,
So schadet's ja wohl nicht, ich aber werde
Dich noch ganz anders lieben, wenn Du's thust.
Gunther.
Auch er ist stark!
Brunhild.
Ob er den Lindwurm schlug
Und Alberich bezwang: das Alles reicht
Noch nicht von fern an Dich. In Dir und mir
Hat Mann und Weib für alle Ewigkeit
Den letzten Kampf um's Vorrecht ausgekämpft.
Du bist der Sieger und ich ford're Nichts,
Als daß Du Dich nun selbst mit all den Ehren,
Wornach ich geizte, schmücken sollst. Du bist
Der Stärkste auf der Welt, d'rum peitsche ihn
Zu meiner Lust aus seiner gold'nen Wolke
Heraus, damit er nackt und bloß erscheint,
Dann leb' er hundert Jahre oder mehr.

(Beide ab.)

Fünfte Scene.

(Frigga und Ute kommen.)

Ute.
Nun, Brunhild blickt schon heute fröhlicher,
Wie gestern.
Frigga.
Königin, sie ist es auch.
Ute.
Ich hab's mir wohl gedacht.
Frigga.
Ich nicht! Ich nicht!

Ihr Sinn ist so verwandelt, daß ich nicht
Erstaunen würde, wenn sich auch ihr Wesen
Verwandelte und wenn sie blonde Locken
Bekäme, statt der schwarzen, die so lange
Mir unter'm gold'nen Kamme knisterten.

Ute.

Das ist Dir doch nicht leid?

Frigga.

Mich wundert's nur,
Und hättest Du dieß Heldenbild erzogen,
Wie ich, und wüßtest Alles, was ich weiß,
So würdest Du Dich wundern, wie ich selbst.

Ute (indem sie wieder in die Burg geht).

Thu' nur das Deinige!

Frigga (für sich).

Ich that schon mehr,
Als Ihr Euch träumen laßt! Daß dieß so kam,
Begreif' ich nicht, doch wenn sie glücklich ist,
So bin ich still und werde sie gewiß
Nicht mahnen an die Zeit, die sie vergaß!

Sechste Scene.

(Kriemhild und Brunhild kommen Hand in Hand, es sammeln
sich viele Recken und Volk.)

Kriemhild.

Nun, ist's nicht besser, Kämpfe anzusehen,
Als selbst zu kämpfen?

Brunhild.

Hast Du beides schon
Versucht, daß Du vergleichen kannst?

Kriemhild.

Ich möcht' es
Auch nimmermehr.

Brunhild.

So spiele nicht so kühn
Die Richterin! — Ich meine das nicht schlimm,
Du kannst mir Deine Hand noch immer lassen,
Auch mag's so sein, nur dächt' ich, diese Lust
Wär' mir allein bestimmt.

Kriemhild.
Wie meinst Du das?

Brunhild.
Es kann doch Keine jubeln, die den Gatten
Erliegen sieht!

Kriemhild.
Gewiß nicht!

Brunhild.
Noch sich täuschen,
Wenn er nur darum fest im Bügel bleibt,
Weil ihn sein Herr verschonte.

Kriemhild.
Auch wohl kaum!

Brunhild.
Nun denn!

Kriemhild.
Davor bin ich doch wohl geschützt?
Du lächelst?

Brunhild.
Weil Du gar zu sicher bist.

Kriemhild.
Ich darf es sein!

Brunhild.
Zur Probe kommt's wohl nicht,
Und auch ein Traum ist süß. Schlaf zu, schlaf zu,
Ich wecke Dich nicht auf!

Kriemhild.
Wie redest Du!
Mein edler Gatte ist nur viel zu mild,
Um den Verwaltern seiner Königreiche
So weh zu thun, sonst hätt' er seinen Degen
Schon längst zu einem Zepter umgeschmiedet
Und über die ganze Erde ausgestreckt.
Denn alle Länder sind ihm unterthan,
Und sollte eins es läugnen, bät' ich mir's
Sogleich von ihm zum Blumengarten aus.

Brunhild.
Kriemhild, was wäre da der meinige?

Kriemhild.
Er ist mein Bruder und erhält den Stempel,
Wie schwer er immer sei, man wiegt ihn nicht

Brunhild.
Nein, denn er selbst ist das Gewicht der Welt,
Und wie das Gold der Dinge Preis bestimmt,
So er den Werth der Recken und der Helden!
Du mußt nicht widersprechen, liebes Kind,
Ich will dafür geduldig auf Dich hören,
Wenn Du mir zeigst, wie man die Nadel braucht.
Kriemhild.
Brunhild!
Brunhild.
Ich sagt' es wahrlich nicht im Hohn,
Ich möcht' es können und es ist mir nicht
So angeboren, wie das Lanzenwerfen,
Für welches ich des Meisters nicht bedurfte,
So wenig wie für's Gehen oder Steh'n.
Kriemhild.
Wir können gleich beginnen, wenn Du willst,
Und da Du doch am liebsten Wunden machst,
So fangen wir beim Sticken an, ich habe
Ein Muster bei mir!
(Sie will den Gürtel hervorziehen.)
Nein, ich irre mich!
Brunhild.
Du blickst nicht mehr wie sonst auf Deine Schwester,
Auch ist es gar nicht freundlich, mir die Hand,
Die ich so liebreich faßte, zu entzieh'n,
Bevor ich selbst sie lasse, uns're Sitte
Zum Wenigsten verlangt das Gegentheil.
Kannst Du es nicht verwinden, daß das Zepter,
Von dem Du träumst, in Deines Bruders Hand
Gegeben ist? Du solltest doch als Schwester
Dich trösten, denn der Ruhm des Bruders ist
Zur Hälfte Dein, auch, dächt' ich, müßtest Du
Vor allen Andern mir die Ehre gönnen,
Die Dir nun einmal doch nicht werden konnte,
Denn Keine hätt' dafür bezahlt, wie ich!

Kriemhild.
Ich seh', wie alle Unnatur sich rächt.
Du hast der Liebe widerstrebt, wie Keine:
Nun macht sie Dich zur Strafe doppelt blind.
Brunhild.
Du sprichst von Dir und nicht von mir! Es ist
Kein Grund zum Streit. Das weiß die ganze Welt!
Eh' ich geboren wurde, war's bestimmt,
Daß nur der Stärkste mich besiegen solle —
Kriemhild.
Ich glaub's ja gern.
Brunhild.
Und doch?
Kriemhild (lacht).
Brunhild.
So bist Du toll!
Ist Deine Angst so groß, daß wir zu streng
Mit den Vasallen sind? Besorge Nichts!
Ich lege keinen Blumengarten an
Und auch den Vortritt werde ich nur einmal
Verlangen, wenn Du nicht zu störrig bist,
Nur heut, nur hier am Dom, und niemals mehr.
Kriemhild.
Ich hätte Dir ihn wahrlich nicht versagt,
Doch da es meines Gatten Ehre gilt,
So weich' ich keinen Schritt.
Brunhild.
Er wird es Dir
Schon selbst gebieten.
Kriemhild.
Wagst Du's, ihn zu schmäh'n?
Brunhild.
Er trat bei mir zurück vor Deinem Bruder,
Wie ein Vasall vor seinem Herrn, und wehrte
Dem Gruß, den ich ihm bot. Das fand ich auch
Natürlich, als ich ihn — er nannte sich
Ja selber so — für einen Dienstmann hielt,
Nun aber kommt's mir anders vor.

6*

Kriemhild.
Und wie?
Brunhild.
Ich sah den Wolf wohl so vor einem Bären
Bei Seite schleichen, oder auch den Bären
Vor einem Auerstier. Er ist Vasall,
Wenn er auch nicht geschworen hat.
Kriemhild.
Nicht weiter!
Brunhild.
Du willst mir droh'n? Vergiß Dich nicht, mein Kind!
Ich bin bei Sinnen! Bleibe Du es auch!
Es mußte doch ein Grund vorhanden sein.
Kriemhild.
Es war ein Grund! Und schaudern würdest Du,
Wenn Du ihn ahntest.
Brunhild.
Schaudern!
Kriemhild.
Schaudern! Ja!
Doch fürchte Nichts! Ich liebe Dich auch jetzt
Noch viel zu sehr und kann Dich nie so hassen,
Um Dir den Grund zu nennen. Wäre mir's
Gescheh'n, ich grübe mir mit eig'nen Händen
In dieser Stunde noch das Grab! Nein, nein!
Nicht ich will das elendeste Geschöpf,
Das auf der ganzen Erde athmet, machen,
Set stolz und frech, ich bin aus Mitleid stumm!
Brunhild.
Du prahlst, Kriemhild, und ich verachte Dich!
Kriemhild.
Das Kebsweib meines Gatten mich verachten!
Brunhild.
Legt sie in Ketten! Bindet sie! Sie ras't!
Kriemhild (zieht den Gürtel hervor).
Kennst Du den Gürtel?
Brunhild.
Wohl! es ist der meine,
Und da ich ihn in fremden Händen sehe,
So muß er mir bei Nacht gestohlen sein!

Kriemhild.
Gestohlen! Dennoch gab ihn mir kein Dieb!
Brunhild.
Wer sonst?
Kriemhild.
Der Mann, der Dich bewältigt hat!
Doch nicht mein Bruder!
Brunhild.
Kriemhild!
Kriemhild.
Diesen hättest
Du Mannweib ja erwürgt und dann vielleicht
Zur Strafe in den Todten Dich verliebt:
Mein Gatte gab ihn mir!
Brunhild.
Nein, nein!
Kriemhild.
So ist's!
Nun setz' ihn noch herab! Gestattest Du
Mir jetzt, daß ich den Dom vor Dir betrete?
(Zu ihren Frauen.)
Folgt mir! Ich muß ihr zeigen, was ich darf!
(Ab in den Dom.)

Siebente Scene.

Brunhild.
Wo sind die Herren von Burgund? — O Frigga!
Hast Du's gehört?
Frigga.
Ich hab's gehört und glaub's.
Brunhild.
Du tödtest mich! Es wäre so?
Frigga.
Sie sagte
Gewiß zu viel, doch dieses steht mir fest,
Daß Du betrogen bist!
Brunhild.
Sie löge nicht?

Frigga.
Der Balmungschwinger war's. Er stand am See,
Als er verlosch.
Brunhild.
So hat er mich verschmäht,
Denn ich war auf der Zinne und er mußte
Mich seh'n. Er war gewiß schon voll von ihr.
Frigga.
Und daß Du weißt, um was man Dich betrog:
Ich täuschte Dich!
Brunhild (ohne auf sie zu hören).
Daher die stolze Ruhe,
Womit er mich betrachtete.
Frigga.
Nicht bloß
Dieß schmale Land, Dir war die ganze Erde
Zum Eigenthum bestimmt, auch sollten Dir
Die Sterne reden und sogar dem Tod
Der Herrschaft über Dich genommen sein.
Brunhild.
Schweig' mir von dem!
Frigga.
Warum? Du kannst es Dir
Zwar nicht zurückerobern, doch Du kannst
Dich rächen, Kind!
Brunhild.
Und rächen werd' ich mich!
Verschmäht! Weib, Weib, wenn Du in seinen Armen
Auch eine Nacht gelacht hast über mich,
So sollst Du viele Jahre dafür weinen,
Ich will, — — Was red' ich! Ich bin schwach, wie sie.
(Stürzt Frigga an die Brust.)

Achte Scene.

(Gunther, Hagen, Dankwart, Rumolt, Gerenot, Giselher und
Siegfried kommen.)

Hagen.
Was giebt es hier?

Brunhild (richtet sich hoch auf).
Bin ich ein Kebsweib, König?
Gunther.
Ein Kebsweib?
Brunhild.
Deine Schwester nennt mich so!
Hagen (zu Frigga).
Was ging hier vor?
Frigga.
Ihr seid entdeckt! Wir kennen
Den Sieger jetzt und Kriemhild sagt sogar,
Daß er es zwei Mal war.
Hagen (zu Gunther).
Er hat geschwatzt!
(Er redet heimlich mit ihm.)

Neunte Scene.

Kriemhild (die während dem aus dem Dom getreten ist).
Vergieb mir, mein Gemahl! ich that nicht recht,
Doch wenn Du wüßtest, wie sie Dich geschmäht —
Gunther (zu Siegfried).
Hast Du Dich je gerühmt?
Siegfried (legt die Hand auf Kriemhild's Haupt).
Bei ihrem Leben,
Ich that es nicht.
Hagen.
Das glaub' ihm ohne Eid!
Er sagte nur, was wahr ist.
Siegfried.
Und auch das
Nicht ohne Noth!
Hagen.
Ich zweifle nicht daran!
Das Wie ein ander Mal. Jetzt bringe nur
Die Weiber aus einander, die noch immer
Die Schlangenkämme wieder sträuben können,
Wenn sie zu früh sich in die Augen seh'n.

Siegfried.

Ich ziehe bald von dannen. Kriemhild, komm!

Kriemhild (zu Brunhild).

Wenn Du bedenkst, wie schwer Du mich gereizt,
So wirst auch Du —

Brunhild (wendet sich).

Kriemhild.

Du liebst ja meinen Bruder,
Kannst Du das Mittel schelten, das Dich ihm
Zu eigen machte?

Brunhild.

O!

Hagen.

Hinweg! Hinweg!

Siegfried (indem er Kriemhild abführt).

Hier wurde nicht geschwatzt, Ihr werdet seh'n!

(Ab.)

Zehnte Scene.

Hagen.

Nun tretet um mich her und haltet gleich
Das peinliche Gericht!

Gunther.

Wie redest Du?

Hagen.

Fehlt's hier am Grund? Dort steht die Königin
Und weint die heißen Thränen, welche ihr
Der Schimpf entpreßt!

(Zu Brunhild.)

Du edles Heldenbild,
Du einz'ges, dem auch ich mich willig beuge:
Der Mann muß sterben, der Dir das gethan!

Gunther.

Hagen!

Hagen (zu Brunhild).

Der Mann muß sterben, wenn Du selbst
Nicht zwischen ihn und Deinen Rächer trittst.

Brunhild.
Ich ess' nicht mehr, bis Ihr den Spruch vollzieht.
Hagen.
Vergieb mir, König, daß ich sprach vor Dir,
Ich wollte Dir nur zeigen, wie es steht,
Doch kannst Du Dich noch immer frei entscheiden,
Dir blieb die Wahl ja zwischen ihm und ihr.
Giselher.
So wird das Ernst? Um einen kleinen Fehl
Wollt Ihr den treu'sten Mann der Erde morden?
Mein König und mein Bruder, sage Nein!
Hagen.
Wollt Ihr Bastarde zieh'n an Eurem Hof?
Ich zweifle, ob die trotzigen Burgunden
Sie krönen werden! Doch Du bist der Herr!
Gerenot.
Der tapf're Siegfried wird sie schon bezwingen,
Sobald sie murren, wenn's uns selbst nicht glückt.
Hagen (zu Gunther).
Du schweigst! Wohlan! Das Uebrige ist mein!
Giselher.
Ich scheide mich von Eurem Blutrath ab!
(Ab.)

Elfte Scene.

Brunhild.
Frigga, mein Leben oder auch das seine!
Frigga.
Das seine, Kind!
Brunhild.
Ich ward nicht bloß verschmäht,
Ich ward verschenkt, ich ward wohl gar verhandelt!
Frigga.
Verhandelt, Kind!
Brunhild.
Ihm selbst zum Weib zu schlecht,
War ich der Pfennig, der ihm eins verschaffte!

Frigga.

Der Pfennig, Kind!

Brunhild.

Das ist noch mehr als Mord
Und dafür will ich Rache! Rache! Rache!

(Alle ab.)

Vierter Act.

Worms.

Erste Scene.

(Halle. Gunther mit seinen Recken. Hagen trägt einen Wurfspieß.)

Hagen.

Ein Lindenblatt muß selbst der Blinde treffen;
Ich will mich trauen, eine Haselnuß
Auf fünfzig Schritt mit diesem Spieß zu öffnen.

Giselher.

Was ziehst Du solche Künste jetzt hervor?
Wir wissen's lange, daß bei Dir Nichts rostet.

Hagen.

Er kommt! Nun zeigt mir, daß Ihr düster blicken
Und das Gesicht verzieh'n könnt, wenn Euch auch
Kein Vater starb.

Zweite Scene.

Siegfried (tritt auf).

Ihr Recken, hört Ihr nicht
Die Bracken heulen und den jüngsten Jäger
Sein Hifthorn prüfen? Auf! Zu Pferd! Hinaus!

Hagen.

Der Tag wird schön!

Siegfried.

Und ward's Euch nicht gesagt,

Daß sich die Bären in die Ställe wagen
Und daß die Adler vor den Thüren steh'n,
Wenn man sie Morgens öffnet, ob vielleicht
Ein Kind heraus hüpft?

Volker.
Ja, das kam schon vor.

Siegfried.
Indeß wir kosten, ward hier schlecht gejagt!
Kommt, werft den übermüth'gen Feind mit mir
Zurück und zehntet ihn.

Hagen.
Mein Freund, wir müssen
Die Klingen schärfen und die Speere nageln.

Siegfried.
Warum?

Hagen.
Du hast in diesen letzten Tagen
Zu viel gekos't, sonst wüßtest Du es längst.

Siegfried.
Ich rüste mich zum Abschied, wie Ihr wißt!
Doch sprecht, was giebt's?

Hagen.
Die Dänen und die Sachsen
Sind wieder unterwegs.

Siegfried.
Sind denn die Fürsten
Gestorben, die uns schwuren?

Hagen.
O, nicht doch,
Sie stehen an der Spitze.

Siegfried.
Lüdegast
Und Lüdeger, die ich gefangen nahm
Und ohne Lösegeld entließ?

Gunther.
Sie sagten
Uns gestern wieder ab.

Siegfried.
                    Und ihren Boten,
In wie viel Stücke habt Ihr ihn zerhauen?
Hat jeder Geier seinen Theil gehabt?

Hagen.
So redest Du?

Siegfried.
            Wer solchen Schlangen dient,
Der wird, wie sie, zertreten. Höll' und Teufel,
Ich fühle meinen ersten Zorn! Ich glaubte
Schon oft zu hassen, doch ich irrte mich,
Ich liebte dann nur weniger. Ich kann
Nichts hassen, als den Treubruch, den Verrath,
Die Gleißnerei und all die feigen Laster,
Auf denen er herankriecht, wie die Spinne
Auf ihren hohlen Beinen. Ist es möglich,
Daß tapf're Männer, denn das waren sie,
Sich so beflecken konnten? Liebe Vettern,
Steht nicht so kalt herum und schaut auf mich,
Als ob ich ras'te oder Klein und Groß
Verwechselte! Uns Allen ist bis jetzt
Kein Unglimpf widerfahren. Streicht die Rechnung
Gelassen durch bis auf den letzten Posten,
Nur diese Zwei sind schuldig.

Giselher.
                Schändlich ist's,
Mir klingt es noch im Ohr, wie sie Dich lobten,
Wann war denn dieser Bote da?

Hagen.
                    Du hast
Ihn gleichfalls nicht geseh'n? Ei nun, er trollte
Sich rasch von dannen, als er fertig war,
Und sah sich nach dem Botenbrod nicht um.

Siegfried.
O, pfui, daß Ihr ihn für seine Frechheit
Nicht züchtigtet! Ein Rabe hätt' ihm dann
Die Augen ausgehackt und sie verächtlich
Vor seinen Herrn wieder ausgespie'n;
Das war die einz'ge Antwort, die uns ziemte.

Hier gilt's ja keine Fehde, keinen Kampf
Nach Recht und Brauch, hier gilt es eine Jagd
Auf böse Thiere! Hagen, lächle nicht!
Mit Henkerbeilen sollten wir uns waffnen,
Anstatt mit uns'ren adeligen Klingen,
Und die sogar erst brauchen, da sie doch
Von Eisen sind und so dem Schwert verwandt,
Wenn zu dem Hundesang kein Strick genügt.

Hagen.
Wohl wahr!

Siegfried.
Du spottest meiner, wie es scheint.
Das faß' ich nicht, Du brennst doch sonst so leicht!
Wohl weiß ich's, daß Du älter bist, als ich,
Jetzt aber spricht die Jugend nicht aus mir
Und auch nicht der Verdruß, daß ich es war,
Der Euch zur Milde rieth. Mir däucht, ich stehe
Hier für die ganze Welt, und meine Zunge
Ruft, wie die Glocke zum Gebet, zur Rache
Und zum Gericht, was Mensch mit Menschen ist.

Gunther.
So ist's.

Siegfried (zu Hagen).
Kennst Du den Treubruch? den Verrath?
Schau ihm in's Angesicht und lächle noch.
Du stellst Dich ihm im ehrlich-offnen Streit
Und wirfst ihn nieder. Aber viel zu stolz,
Wenn nicht zu edel, um ihn zu vernichten,
Giebst Du ihn wieder frei und reichst ihm selbst
Die Waffen dar, die er an Dich verlor.
Er stößt sie nicht zurück und knirscht Dich an,
Er dankt es Dir, er rühmt und preis't Dich gar
Und schwört sich Dir zum Mann mit tausend Eiden:
Doch wenn Du, all den Honig noch im Ohr,
Dich nun auf's Lager müde niederstreckst
Und nackt und wehrlos da liegst, wie ein Kind,
So schleicht er sich heran und mordet Dich,
Und spuckt vielleicht auf Dich, indem Du stirbst.

Gunther (zu Hagen).
Was sagst Du dazu?
Hagen (zu Gunther).
Dieser edle Zorn
Macht mich so muthig, unsern Freund zu fragen,
Ob er uns abermals begleiten will.
Siegfried.
Ich zieh' allein mit meinen Nibelungen,
Denn ich bin Schuld daran, daß diese Arbeit
Noch einmal kommt! So gern ich meiner Mutter
Mein Weib auch zeigte, um zum ersten Mal
Ein volles Lob von ihr davon zu tragen:
Es darf nicht sein, so lange diese Heuchler
Noch Oefen haben, um sich Brod zu backen,
Und Brunnen, um zu trinken! Gleich bestell' ich
Die Reise ab, und dieß gelob' ich Euch:
Ich bringe sie lebendig und sie sollen
Fortan vor meiner Burg in Ketten liegen
Und bellen, wenn ich komme oder geh',
Da sie nun einmal Hundeseelen sind!
(Eilt ab.)

Dritte Scene.

Hagen.
Er rennt in seiner Wuth gewiß zu ihr
Und wenn er fertig ist, so folg' ich nach.
Gunther.
Ich will nicht weiter geh'n.
Hagen.
Wie meinst Du, König?
Gunther.
Laß neue Boten kommen, die uns melden,
Daß Alles wieder ruhig ist.
Hagen.
Das wird
Sogleich gescheh'n, wenn ich bei Kriemhild war
Und das Geheimniß habe.

Gunther.
                  Hast Du denn
Metall'ne Eingeweide, daß Du Dich
Nicht auch erschüttert fühlst?
            Hagen.
                     Sprich deutlich, Herr,
Das kann ich nicht versteh'n.
            Gunther.
                     Er soll nicht sterben.
            Hagen.
Er lebt, so lange Du's befiehlst! Und ständ' ich
Im Wald schon hinter ihm, den Speer gezückt,
Du winkst, und statt des Freulers stürzt ein Thier!
            Gunther.
Er ist kein Freuler! Konnte er dafür,
Daß er den Gürtel mitgenommen hatte,
Und daß Kriemhild ihn fand? Er ist ihm ja
Entfallen, wie ein Pfeil, der sitzen blieb,
Weil man's vergaß, sich nach dem Kampf zu schütteln,
Und den man selbst am Klirren erst bemerkt.
Sprich selbst, sprecht Alle: Konnte er dafür?
            Hagen.
Nein! Nein! Wer sagt's? Auch dafür konnt' er Nichts,
Daß ihm der Witz gebrach, sich auszureden,
Er ward gewiß schon beim Versuche roth.
            Gunther.
Nun denn! Was bleibt?
            Hagen.
                  Der Schwur der Königin!
            Giselher.
Sie tödt' ihn selber, wenn sie Blut verlangt.
            Hagen.
Wir streiten, wie die Kinder. Darf man denn
Nicht Waffen sammeln, wenn man auch nicht weiß,
Ob man sie jemals brauchen wird? Man forscht
Ein Land doch aus mit allen seinen Pässen,
Warum nicht einen Helden? Ich versuche
Mein Glück jetzt bei Kriemhild, und wär's auch nur,

Damit die schönste List, die wir erdachten,
Doch nicht umsonst ersonnen sei! Sie wird
Mir nicht's verrathen, wenn er selbst ihr Nichts
Vertraut hat und es steht ja ganz bei Euch,
Ob Ihr das nützen wollt, was ich erfahre;
Ihr könnt ja wirklich thun, wenn's Euch gefällt,
Was ich nur heucheln will, und ihm im Krieg
Die Stelle decken, wo er sterblich ist,
Doch immer müßt Ihr wissen, wo sie sitzt.
(Ab.)

Vierte Scene.

Giselher (zu Gunther).
Du bist von selbst zu Edelmuth und Treue
Zurückgekehrt, sonst sagt' ich: dieses Spiel
War keines Königs würdig!

Volker.
Deinen Zorn
Begreift man leicht, Du wurdest selbst getäuscht.

Giselher.
Nicht darum. Doch ich will mit Dir nicht streiten,
Es steht ja Alles wieder gut.

Volker.
Wie das?

Giselher.
Wie das?

Volker.
Ich hörte, daß die Königin
In Trauerkleidern geht und Trank und Speise
Verschmäht, sogar das Wasser.

Gunther.
Leider! Ja.

Volker.
Wie steht's denn gut? Was Hagen sprach, ist wahr.
Sie scheint nicht angethan, um vor dem Hauch
Der Zeit, wie And're, wieder hinzuschmelzen,
Und darum bleibt's dabei: Er oder Sie!
Zwar hast Du Recht, er ist nicht Schuld daran,

Daß dieser Gürtel sich, wie eine Schlange,
Ihm anhing, nein, es ist ein bloßes Unglück,
Allein dieß Unglück tödtet, und Du kannst
Nur noch entscheiden, wen es tödten soll.

Giselher.
So sterbe, was nicht leben will!

Gunther.
                    Die Wahl
Ist fürchterlich.

Volker.
              Ich warnte Dich vorher,
Die Straße zu betreten, aber jetzt
Ist dieß das Ziel.

Dankwart.
              Und muß denn nicht ein Jeder,
Nach uns'rem Recht, auch für sein Unglück steh'n?
Wer seinen besten Freund bei Nacht durchrennt,
Weil er die Lanze unvorsichtig trug,
Der kauft sich nicht mit seinen Thränen los,
So heiß und rasch sie ihm entströmen mögen,
Es gilt sein Blut.

Gunther.
Ich geh' einmal zu ihr.
(Ab.)

Fünfte Scene.

Volker.
Dort kommt Kriemhild mit Hagen. Ganz verstört,
Wie er sich's dachte. Geh'n wir auch!
(Alle ab.)

Sechste Scene.

(Hagen und Kriemhild treten auf.)

Hagen.
                              So frish
Schon in der Halle?

Kriemhild.
Ohm, ich halt' es drinnen
Nicht länger aus.

Hagen.
Wenn ich nicht irrte, ging
Dein Gatte eben von Dir. Ganz erhitzt,
Als ob er zornig wäre. Ist der Friede
Noch zwischen Euch nicht wieder hergestellt?
Will er vielleicht sein Mannesrecht mißbrauchen?
Sag's mir, so rede ich mit ihm.

Kriemhild.
O nein!
Wenn mich nichts And'res an den bösen Tag
Mehr mahnte, wär' er schon ein Traum für mich.
Mein Gatte hat mir jedes Wort erspart!

Hagen.
Mich freut's, daß er so mild ist.

Kriemhild.
Lieber hätt' ich's,
Wenn er mich schölte, doch er mag wohl wissen,
Daß ich es selber thu'!

Hagen.
Nur nicht zu hart!

Kriemhild.
Ich weiß, wie schwer ich sie gekränkt, und werde
Mir's nie vergeben, ja ich möchte eher,
Daß ich's erlitten hätte als gethan.

Hagen.
Und treibt Dich das so früh aus Deiner Kammer?

Kriemhild.
Das? Nein! Das triebe eher mich hinein!
Mich quält die Angst um ihn.

Hagen.
Die Angst um ihn?

Kriemhild.
Es gibt ja wieder Streit.

Hagen.
Ja, das ist wahr.

Kriemhild.

Die falschen Buben!

Hagen.

Sei nicht gleich so bös,
Daß Du im Packen unterbrochen wirst!
Fahr' ruhig fort und laß Dich gar nicht stören,
Du legst nachher den Panzer oben auf.
Was schwatz' ich da! Er trägt nicht einmal einen
Und hat's ja auch nicht nöthig.

Kriemhild.

Glaubst Du das?

Hagen.

Fast möcht' ich lachen. Wenn ein and'res Weib
So greinte, spräch' ich: Kind, von tausend Pfeilen
Kommt einer nur auf ihn, und der zerbricht!
Doch Deiner muß ich spotten und Dir rathen:
Fang' eine Grille ein, die klüger singt.

Kriemhild.

Du sprichst von Pfeilen! Pfeile eben sind's,
Die ich so fürchte. Eines Pfeiles Spitze
Braucht höchstens meines Daumennagels Raum,
Um einzudringen, und er tödtet auch.

Hagen.

Besonders, wenn man ihn vergiftet hat,
Und diese Wilden, die den Damm durchstachen,
Wohinter wir uns Alle angebaut,
Und den wir selbst im Krieg noch heilig halten,
Sind wohl im Stande, dieß, wie das, zu thun.

Kriemhild.

Du siehst!

Hagen.

Was geht das Deinen Siegfried an?
Er ist ja fest. Und wenn es Pfeile gäbe,
Die sich'rer, wie die Sonnenstrahlen, träfen,
Er schüttelte sie ab, wie wir den Schnee!
Das weiß er auch, und dieß Gefühl verläßt
Ihn keinen Augenblick im Kampf. Er wagt,
Was uns, die wir doch auch nicht unter Espen
Geboren wurden, fast zum Zittern bringt.

7*

Wenn er's bemerkt, so lacht er und wir lachen
Von Herzen mit. Das Eisen kann ja ruhig
In's Feuer gehn: es kommt als Stahl heraus.

Kriemhild.
Mich schaudert!

Hagen.
Kind, Du bist so kurz vermählt,
Sonst freut' ich mich, daß Du so schreckhaft bist.

Kriemhild.
Hast Du's vergessen, oder weißt Du nicht,
Was doch in Liedern schon gesungen wird,
Daß er an einem Fleck verwundbar ist?

Hagen.
Das hatt' ich ganz vergessen, es ist wahr,
Allein ich weiß, er sprach uns selbst davon,
Es war von irgend einem Blatt die Rede,
Doch frag' ich mich umsonst, in welchem Sinn.

Kriemhild.
Von einem Lindenblatt.

Hagen.
Ja wohl! Doch sprich:
Wie hat ein Lindenblatt ihm schaden können?
Das ist ein Räthsel, wie kein zweites mehr.

Kriemhild.
Ein rascher Windstoß warf's auf ihn herab,
Als er sich salbte mit dem Blut des Drachen,
Und wo es sitzen blieb, da ist er schwach.

Hagen.
So fiel es hinten, weil er's nicht bemerkte! —
Was thut's! Du siehst, daß Deine nächsten Vettern,
Ja, Deine Brüder, die ihn schützen würden,
Wenn nur ein Schatten von Gefahr ihn streifte,
Den Fleck nicht kennen, wo er sterblich ist!
Was fürchtest Du? Du marterst Dich um Nichts.

Kriemhild.
Ich fürchte die Valkyrien! Man sagt,
Daß sie sich stets die besten Helden wählen,
Und zielen die, so trifft ein blinder Schütz.

Hagen.
Da wär' ihm denn ein treuer Knappe nöthig,
Der ihm den Rücken deckte. Meinst Du nicht?
Kriemhild.
Ich würde besser schlafen.
Hagen.
Nun, Kriemhild!
Wenn er — Du weißt, er war schon nah daran —
Aus schwankem Nachen in den tiefen Rhein
Hinunterstürzte und die Rüstung ihn
Hernieder zöge zu den gier'gen Fischen,
So würde ich ihn retten oder selbst
Zu Grunde geh'n.
Kriemhild.
So edel denkst Du, Ohm?
Hagen.
So denk' ich! Ja! — Und wenn der rothe Hahn
Bei dunkler Nacht auf seine Burg sich setzte,
Und er, schon vor'm Erwachen halb erstickt,
Den Weg nicht fände, der in's Freie führt,
Ich trüge ihn heraus auf meinen Armen,
Und glückt' es nicht, so würden Zwei verkohlt.
Kriemhild (will ihn umarmen).
Dich muß ich —
Hagen (wehrt ab).
Laß. Doch schwör' ich's, daß ich's thäte.
Nur setzte ich hinzu: seit Kurzem erst!
Kriemhild.
Er ist seit Kurzem erst Dein Blutsverwandter!
Und hab' ich Dich verstanden? Wolltest Du,
Du selbst? —
Hagen.
So meint' ich's! Ja! Er kämpft für mich
Und tritt das Kleinste von den tausend Wundern
Mir ab, die er vollbringt, sobald er zieht,
Ich aber schirme ihn!
Kriemhild.
Das hätt' ich nie
Von Dir gehofft!

Hagen.
                    Nur mußt Du mir den Fleck
Bezeichnen, daß ich's kann.
            Kriemhild.
                    Ja, das ist wahr!
Hier! In der Mitte zwischen beiden Schultern!
            Hagen.
In Scheibenhöhe!
            Kriemhild.
                    Ohm, Ihr werdet doch
An ihm nicht rächen, was nur ich verbrach?
            Hagen.
Was träumst Du da!
            Kriemhild.
                    Es war die Eifersucht,
Die mich verblendete, sonst hätt' ihr Prahlen
Mich nicht so aufgebracht!
            Hagen.
                    Die Eifersucht!
            Kriemhild.
Ich schäme mich! Doch wenn's auch in der Nacht
Bei Schlägen blieb, und glauben will ich's ja,
Selbst seine Schläge gönnte ich ihr nicht!
            Hagen.
Nun, nun, sie wird's vergessen.
            Kriemhild.
                    Ist es wahr,
Daß sie nicht ißt und trinkt?
            Hagen.
                    Sie fastet immer
Um diese Zeit. Es ist die Nornenwoche,
Die man in Isenland noch heilig hält.
            Kriemhild.
Es sind drei Tage schon!
            Hagen.
                    Was kümmert's uns?
Nichts mehr. Man kommt.

Kriemhild.
Und? —

Hagen.
Scheint es Dir nicht gut,
Ihm auf's Gewand ein feines Kreuz zu sticken?
Das Ganze ist zwar thöricht, und er würde
Dich arg verhöhnen, wenn Du's ihm erzähltest,
Doch da ich nun einmal sein Wächter bin,
So möcht' ich nichts verseh'n.

Kriemhild.
Ich werd' es thun!
(Schreitet Ute und dem Kaplan entgegen.)

Siebente Scene.

Hagen (ihr nach).

Nun ist Dein Held nur noch ein Wild für mich!
Ja, hätt' er Stich gehalten, wär' er sicher,
Doch wußt' ich wohl, es werde nicht gescheh'n.
Wenn man durchsichtig ist, wie ein Insect,
Das roth und grün erscheint, wie seine Speise,
So muß man sich vor Heimlichkeiten hüten,
Denn schon das Eingeweide schwatzt sie aus!
(Ab.)

Achte Scene.

(Ute und der Kaplan treten auf.)

Kaplan.

Es giebt dafür kein Bild auf dieser Welt!
Ihr wollt vergleichen und Ihr wollt begreifen,
Doch hier gebricht's am Zeichen, wie am Maß.
Werft Euch vor Gott darnieder im Gebet,
Und wenn Ihr in Zerknirschung und in Demuth
Euch selbst verliert, so werdet Ihr vielleicht,
Und wär's nur für so lange, als der Blitz
Auf Erden weilt, zum Himmel aufgezückt.

Ute.
Kann das gescheh'n?

Kaplan.
            Der heil'ge Stephanus
Sah, als das grimmentbrannte Volk der Juden
Ihn steinigte, des Paradieses Thore
Schon offen steh'n und jubelte und sang.
Sie warfen ihm den armen Leib zusammen,
Ihm aber war's, als rissen all die Mörder,
Die ihn in blinder Wut zu treffen dachten,
Nur Löcher in sein abgeworf'nes Kleid.

        Ute (zu Kriemhild, die sich hinzugesellt hat).
Merk' auf, Kriemhild!

            Kriemhild.
                Ich thu's.

            Kaplan.
                        Das war die Kraft
Des Glaubens! Lernt nun auch den Fluch
Des Zweifels kennen! Petrus, der das Schwert
Der Kirche trägt und ihre Schlüssel führt,
Erzog sich einen Jünger, welchen er
Vor Allen liebte. Dieser stand einmal
Auf einem Felsen, den das wilde Meer
Umbrauste und bespülte. Da gedacht' er
Der Zuversicht, mit der sein Herr und Meister
Auf uns'res Heiland's ersten Wink das Schiff
Verließ und festen Schritts die See betrat,
Die ihn bedrohte mit dem sich'ren Tod.
Ein Schwindel faßte ihn bei dem Gedanken
An diese Probe und das Wunder schien
Ihm so unmöglich, daß er eine Zacke
Des Felsens packte, um nur nicht zu fallen,
Und ausrief: Alles, Alles, nur nicht dieß!
Da blies der Herr, und plötzlich schmolz der Stein
Zu seinen Füßen ein, er sank und sank
Und schien verloren, und vor Furcht und Grauen
Sprang er hinunter in die off'ne Fluth.
Doch diese hatte, von demselben Hauch
Des Ew'gen still getroffen, sich verfestigt,
Sie trug ihn, wie die Erde mich und Euch,
Und reuig sprach er: Herr, das Reich ist Dein!

Ute.
In Ewigkeit!
Kriemhild.
So bete, frommer Vater,
Daß er, der Stein und Wasser so verwandelt,
Auch meinen Siegfried schützt. Für jedes Jahr,
Das mir beschieden wird an seiner Seite,
Erbau' ich einem Heil'gen den Altar   (Ab.)
Kaplan.
Du staunst das Wunder an. Laß Dir noch sagen,
Wie ich zu meiner Priesterkutte kam.
Ich bin vom Stamm der Angeln, und als Heide
Geboren unter einem Volk von Helden.
Wild wuchs ich auf und ward mit fünfzehn Jahren
Schon mit dem Schwert umgürtet. Da erschien
Der erste Bote Gottes unter uns.
Er ward verhöhnt, verspottet und zuletzt
Getödtet. Königin, ich stand dabei
Und gab ihm, von den Andern angetrieben,
Mit dieser Hand, die ich seitdem nicht brauche,
Obgleich der Arm nicht lahm ist, wie Ihr glaubt,
Den letzten Schlag. Da hört' ich sein Gebet.
Er betete für mich und mit dem Amen
Verhaucht' er seinen Geist. Das wandte mir
Das Herz im Busen um. Ich warf mein Schwert
Zu Boden, hüllte mich in sein Gewand
Und zog hinaus und predigte das Kreuz.
Ute.
Dort kommt mein Sohn! O, daß es Dir gelänge,
Den Frieden, welcher ganz von hier entwich,
Zurück zu führen!

(Beide ab.)

Neunte Scene.

(Gunther tritt mit Hagen und den Andern auf.)

Gunther.
Wie ich Euch gesagt,
Sie rechnet auf die That, wie wir auf Aepfel,
Wenn's Herbst geworden ist. Die Alte hat,

Um sie zu reizen, hundert Weizenkörner
In ihrer Kammer still herum gestreut:
Sie liegen unberührt.

               Giselher.
                       Wie ist es möglich,
Daß sie so Leben gegen Leben setzt?

               Hagen.
So möcht' ich selber fragen.

               Gunther
                       Und dabei
Kein Treiben und kein Drängen, wie's bei Dingen,
Die doch an Ort und Zeit und Menschenwillen
Gebunden sind, natürlich ist, kein Fragen,
Kein Wechsel in den Zügen, nur Verwund'rung,
Daß man den Mund noch öffnet und nicht meldet:
Es ist vollbracht!

               Hagen.
                       So sage ich Dir Eins:
Sie liegt in seinem Bann, und dieser Haß
Hat seinen Grund in Liebe!

               Gunther.
                       Meinst Du's auch?

               Hagen.
Doch ist's nicht Liebe, wie sie Mann und Weib
Zusammenknüpft.

               Gunther.
                       Was denn?

               Hagen.
                               Ein Zauber ist's,
Durch den sich ihr Geschlecht erhalten will,
Und der die letzte Riesin ohne Lust
Wie ohne Wahl zum letzten Riesen treibt.

               Gunther.
Was ändert das?

               Hagen.
                       Den lös't man durch den Tod!
Ihr Blut gefriert, wenn sein's erstarrt, und er
War dazu da, den Lindwurm zu erschlagen
Und dann den Weg zu geh'n, den dieser ging.

               (Man hört Tumult.)

Gunther.

Was ist denn das?

Hagen.

Das sind die falschen Boten,
Die Dankwart hetzt. Er macht es gut, nicht wahr?
Auch der wird's hören, der gerade küßt!

Zehnte Scene.

(Siegfried kommt; als Hagen ihn bemerkt.)

Hagen.

Bei Höll' und Teufel: Nein! und zehn Mal: Nein!
Es wäre Schmach für uns, und Siegfried denkt
Gewiß, wie ich. Da kommt er eben her.
Nun sprich, Du magst entscheiden!

(Als Dankwart auftritt.)

Freilich ändert
Dein Wort Nichts mehr, die Antwort ist gegeben,

(Zu Dankwart.)

Du hast die Peitsche sicher nicht geschont?

(Zu Siegfried.)

Doch setze immerhin Dein Siegel bei!

Siegfried.

Was giebt's?

Hagen.

Die Hunde bitten jetzt auf's Neue
Um Frieden, doch ich ließ die lump'gen Boten
Vom Hof herunter hetzen, ehe sie
Noch ausgesprochen hatten.

Siegfried.

Das war recht!

Hagen.

Der König schilt mich zwar, er meint, man könne
Nicht wissen, was gescheh'n —

Siegfried.

Nicht wissen! Ha! —
Ich weiß es, ich! Packt einen Wolf von hinten,
So giebt er Ruh' von vorn!

Hagen.

Das wird es sein!

Siegfried.

Was sonst! Es wimmelt ja in ihrem Rücken
Von wilden Stämmen. Nun, die säen nicht
Und wollen dennoch ernten.

Hagen.

Seht Ihr's nun?

Siegfried.

Nur werdet Ihr den Wolf nicht schonen wollen,
Weil er nicht g'rade Zeit hat sich zu wehren

Hagen.

Gewiß nicht.

Siegfried.

Stehen wir den Füchsen bei
Und treiben ihn in's letzte Loch hinein,
In ihren Magen, mein' ich!

Hagen.

Thun wir das,
Doch scheint's nicht nöthig, daß wir uns erhitzen,
D'rum rath' ich heut zur Jagd.

Giselher.

Ich zieh' nicht mit.

Gerenot.

Ich wahrlich auch nicht.

Siegfried.

Seid Ihr jung und keck,
Und wollt von einer Jagd zu Hause bleiben?
Mich hätt' man binden müssen und ich hätte
Den Strick noch abgenagt. O Jägerlust!
Ja, wenn man singen könnte!

Hagen.

Ist's Dir recht?

Siegfried.

Recht? Freund, ich bin so voll von Wuth und Groll,
Daß ich mit einem Jeden zanken möchte,
D'rum muß ich Blut seh'n.

Hagen.

Mußt Du? Nun, ich auch!

Elfte Scene.

(Kriemhild kommt.)

Kriemhild.

Ihr geht zur Jagd?

Siegfried.

Ja wohl! Bestell' Dir gleich
Den Braten!

Kriemhild.

Theurer Siegfried, bleib daheim.

Siegfried.

Mein Kind, Eins kannst Du nicht zu früh erfahren,
Man bittet einen Mann nicht: bleib daheim!
Man bittet: nimm mich mit!

Kriemhild.

So nimm mich mit!

Hagen.

Das wird nicht geh'n!

Siegfried.

Warum nicht? Wenn sie's wagt?
Es wird ja wohl das erste Mal nicht sein!
Den Falken her! Ihr, was da fliegt, und uns,
Was hüpft und springt. Das giebt die beste Lust.

Hagen.

Die Eine sitzt voll Scham in ihrer Kammer,
Die And're zöge in den Wald hinaus?
Es wär' wie Hohn!

Siegfried.

Das hab' ich nicht bedacht.
Ja wohl, es kann nicht sein.

Kriemhild.

So wechsle nur
Das Kleid!

Siegfried.

Noch einmal? Jeden Deiner Wünsche
Erfüll' ich, keine Grille.

Kriemhild.

Du bist herb.

Siegfried.

Laß mich hinaus! Die Luft nimmt Alles weg,
Und morgen Abend bitte ich Dir ab!

Hagen.

So kommt!

Siegfried.

Ja wohl. Nur noch den Abschiedskuß.
(Er umarmt Kriemhild.)
Du sträubst Dich nicht? Du sagst nicht: morgen Abend!
Wie ich? Das nenn' ich edel.

Kriemhild.

Kehr' zurück!

Siegfried.

Ein wunderlicher Wunsch! Was hast Du nur?
Ich zieh' hinaus mit lauter guten Freunden,
Und wenn die Berge nicht zusammen brechen
Und uns bedecken, kann uns Nichts gescheh'n!

Kriemhild.

O weh! Gerade das hat mir geträumt.

Siegfried.

Mein Kind, sie stehen fest.

Kriemhild (umschließt ihn nochmals).

Kehr' nur zurück!
(Die Recken ab.)

Zwölfte Scene.

Kriemhild.

Siegfried!

Siegfried (wird noch einmal sichtbar).
Was ist?

Kriemhild.

Wenn Du nicht zürnen wolltest —

Hagen (folgt Siegfried rasch).

Nun, hast Du Deine Spindel schon?

Siegfried (zu Kriemhild).

Du hörst,
Daß sich die Hunde nicht mehr halten lassen,
Was soll ich?

Hagen.
Warte doch auf Deinen Flachs!
Du sollst im Mondschein mit den Druden spinnen.
Kriemhild.
Geht! Geht! Ich wollte Dich nur noch mal seh'n!
(Hagen und Siegfried ab.)

Dreizehnte Scene.

Kriemhild.
Ich finde nicht den Muth, es ihm zu sagen,
Und rief' ich ihn noch zehn Mal wieder um.
Wie kann man thun, was man sogleich bereut!

Vierzehnte Scene.
(Gerenot und Giselher treten auf.)
Kriemhild.
Ihr noch nicht fort? Die schickt mir Gott hieher!
Ihr lieben Brüder, laßt Euch herzlich bitten,
Gewährt mir einen Wunsch, und wenn er Euch
Auch thöricht scheint. Begleitet meinen Herrn
Auf Schritt und Tritt und bleibt ihm stets im Rücken.
Gerenot.
Wir geh'n nicht mit, wir haben keine Lust.
Kriemhild.
Ihr keine Lust!
Giselher.
Wie sprichst Du? Keine Zeit!
Es giebt so viel für diesen Zug zu ordnen.
Kriemhild.
Und Eure Jugend ward damit betraut?
Wenn ich Euch theuer bin, wenn Ihr es nicht
Vergessen habt, daß Eine Milch uns nährte,
So reitet nach.
Giselher.
Sie sind ja längst im Wald.
Gerenot.
Und Einer Deiner Brüder ist ja mit.

Kriemhild.
Ich bitte Euch!
Giselher.
Wir müssen Waffen mustern,
Du wirst es seh'n.
(Will gehen.)
Kriemhild.
So sagt mir nur noch Eins:
Ist Hagen Siegfried's Freund?
Gerenot.
Warum denn nicht?
Kriemhild.
Hat er ihn je gelobt?
Giselher.
Er lobt ja schon,
Wenn er nicht tadelt, und ich hörte nie,
Daß er ihn tadelte.
(Beide ab.)
Kriemhild.
Dieß ängstigt mich
Noch mehr, als alles Andre. Die nicht mit!

Fünfzehnte Scene.

(Frigga tritt auf.)
Kriemhild.
Du, Alte? Suchst Du mich?
Frigga.
Ich suche Niemand.
Kriemhild.
So willst Du Etwas für die Königin?
Frigga.
Auch nicht. Die braucht Nichts.
Kriemhild.
Nichts und immer Nichts!
Kann sie denn nicht verzeih'n?
Frigga.
Ich weiß es nicht!
Sie hatte keinen Anlaß, es zu zeigen,

Sie wurde nie gekränkt! Ich hörte Hörner,
Gibt's heute Jagd?

Kriemhild.
Hast Du sie wohl bestellt?

Frigga.
Ich! — Nein!

(Ab.)

Sechszehnte Scene.

Kriemhild.
O hätte ich's ihm doch gesagt!
Du theurer Mann, Du hast kein Weib gekannt,
Jetzt seh' ich's wohl! Sonst hätt'st Du nimmermehr
Dem zitternden Geschöpf, das sich aus Furcht
Verräth, ein solch Geheimniß anvertraut!
Noch höre ich den Scherz, mit welchem Du's
Mir in die Ohren flüstertest, als ich
Den Drachen pries! Ich ließ Dich schwören,
Es keinem Menschen weiter zu entdecken,
Und jetzt — Ihr Vögel, die ihr mich umkreis't,
Ihr weißen Tauben, die ihr mich begleitet,
Erbarmt Euch meiner, warnt ihn, eilt ihm nach!

(Ab.)

Fünfter Act.

Oden-Wald.

Erste Scene.

(Hagen, Gunther, Volker, Dankwart und Knechte treten auf.)

Hagen.
Dieß ist der Ort. Den Brunnen hört Ihr rauschen,
Die Büsche decken ihr.. Und steh' ich hier,
So spieß' ich Jeden, der sich bückt und trinkt,
An das Gemäuer.

Gunther.
Noch befahl ich's nicht.

Hagen.
Du wirst es thun, wenn Du Dich recht bedenkst,
Es giebt kein and'res Mittel und es kommt
Kein zweiter Tag, wie dieser. Darum sprich
Und wenn Du lieber willst, so schweig!
(Zu den Knechten.)
          Holla!
Hier ist die Rast!
   (Die Knechte ordnen ein Mahl.)
Gunther.
  Du warst ihm immer gram.
Hagen.
Nicht läugnen will ich's, daß ich meinen Arm
Mit Freuden leihe und mit einem Jeden
Erst kämpfen würde, der sich zwischen mich
Und ihn zu drängen suchte, doch ich halte
Die That darum nicht minder für gerecht.
Gunther.
Und dennoch riethen meine Brüder ab
Und wandten uns den Rücken.
Hagen.
      Hatten sie
Zugleich den Muth, zu warnen und zu hindern?
Sie fühlen's wohl, daß wir im Rechte sind,
Und schaudern nur, wie's ihrer Jugend ziemt,
Vor Blut, das nicht im off'nen Kampfe fließt.
Gunther.
Das ist's!
Hagen.
  Er hat den Tod ja abgekauft
Und so den Mord geadelt.
    (Zu den Knechten.)
        Stoßt in's Horn,
Daß man sich sammelt, denn wir müssen ja
Erst essen.
   (Es wird geblasen.)
    Nimm die Dinge, wie sie steh'n,
Und laß mich machen. Fühlst Du selbst Dich nicht
Gekränkt und willst vergeben, was gescheh'n,

So thu's, nur wehre Deinem Diener nicht,
Dein Heldenweib zu rächen und zu retten!
Sie wird den Eid nicht brechen, den sie schwur,
Wenn ihre stille Zuversicht auf uns
Sie täuscht, daß wir ihn lösen werden,
Und alle Lust des Lebens, die sich wieder
In ihren jungen Adern regen mag,
Sobald die Todesstunde sie umschattet,
Wird sich nur noch in einem Fluch entladen,
In einem letzten Fluche über Dich!
Gunther.
Es ist noch Zeit!

Zweite Scene.

(Siegfried tritt auf mit Rumolt und mit Knechten.)

Siegfried.
Da bin ich! Nun, ihr Jäger,
Wo sind die Thaten? Meine würden mir
Auf einem Wagen folgen, doch er ist
Zerbrochen!
Hagen.
Nur den Löwen jag' ich heut',
Allein, ich traf ihn nicht.
Siegfried.
Das glaub' ich wohl,
Ich hab' ihn selbst erlegt! — Da wird gedeckt:
Ein Tusch für den, der das geordnet hat,
Jetzt spürt man, daß man's braucht. Verfluchte Raben,
Auch hier? Laßt blasen, daß die Hörner springen!
Mit jeglichem Gethiere warf ich schon
Nach diesem Schwarm, zuletzt mit einem Fuchs,
Allein sie weichen nicht und dennoch ist
Mir Nichts im frischen Grün so widerwärtig,
Als solch ein Schwarz, das an den Teufel mahnt.
Daß sich die Tauben nie so um mich sammeln!
Hier bleiben wir wohl auch die Nacht?
Gunther.
Wir dachten —

Siegfried.

Es wohl, der Platz ist gut gewählt. Dort klafft
Ein hohler Baum! Den nehm' ich gleich für mich!
Denn so bin ich's von Jugend auf gewohnt
Und Beff'res kenn' ich nicht, als eine Nacht,
Den Kopf ins mürbe Glimmholz eingewühlt,
So zwischen Schlaf und Wachen zu verdämmern,
Und an den Vögeln, wie sie ganz allmälig,
Der Eine nach dem Andern, munter werden,
Die Stunden abzuzählen. Tick, Tick, Tick!
Nun ist es zwei. Tuck, Tuck! Man muß sich recken.
Kiwitt, Kiwitt! Die Sonne blinzelt schon,
Gleich öffnet sie die Augen. Kikriki!
Springt auf, wenn Ihr nicht niesen wollt.

Volter.
 Ja wohl!
Es ist, als ob die Zeit sie selber weckte,
Indem sie sich im Dunkeln weiter fühlt,
Um ihr den Takt zu ihrem Gang zu schlagen.
Denn in gemeff'nen Pausen, wie der Sand
Dem Glas entrinnt, und wie der lange Schatten
Des Sonnenweisers fort kriecht, folgen sich
Der Auerhahn, die Amsel und die Droffel
Und Keiner stört den Andern, wie bei Tage,
Und lockt ihn einzufallen, eh' er darf.
Ich hab' es oft bemerkt.

Siegfried.
 Nicht wahr? — Du bist
Nicht fröhlich, Schwäher.

Gunther.
 Doch, ich bin's!

Siegfried.
 O nein!
Ich sah schon Leute auf die Hochzeit geh'n
Und hinter Särgen schreiten, und ich kann
Die Mienen unterscheiden. Macht's, wie ich,
Und thut, als hätten wir uns nie gekannt,
Und uns zum erstenmal, der Eine so,
Der And're so verseh'n, im Wald getroffen.

Da schüttet man zusammen, was man hat,
Und theilt mit Freuden mit, um zu empfangen.
Wohlan, ich bringe Fleisch von allen Sorten,
So gebt mir denn für einen Auersitter,
Fünf Eber, dreißig oder vierzig Hirsche
Und so viel Hühner, als Ihr sammeln mögt,
Des Löwen und der Bären nicht zu denken,
Nur einen einz'gen Becher kühlen Wein's.

Dankwart.

O weh!

Siegfried.

Was gibt's?

Hagen.

Das Trinken ist vergessen.

Siegfried.

Ich glaub's. Das kann dem Jäger wohl begegnen,
Der statt der Zunge eine Feuerkohle
Im Munde trägt, wenn's Feierabend ist.
Ich soll nur selber suchen, wie ein Hund,
Obwohl mir seine Nase leider mangelt,
Es sei darum, ich störe keinen Spaß.

(Er sucht.)

Hier nicht! Auch dort nicht! Nun, wo steckt das Faß?
Ich bitt' Dich, Spielmann, rette mich, sonst werd' ich
Euch aus dem lautesten der stillste Mann.

Hagen.

Das könnte kommen, denn — es fehlt am Wein.

Siegfried.

Zum Teufel Eure Jagden, wenn ich nicht
Als Jäger auch gehalten werden soll!
Wer hatte denn für das Getränk zu sorgen?

Hagen.

Ich! — Doch ich wußte nicht, wohin es ging,
Und schickt' es in den Spessart, wo's vermuthlich
An Kehlen mangelt.

Siegfried.

Danke Dir, wer mag!
Giebt's hier denn auch kein Wasser? Soll man sich
Am Thau des Abends letzen und die Tropfen
Der Blätter lecken?

Hagen
Halt nur erst den Mund,
So wird das Ohr Dich trösten!
Siegfried (horcht).
Ja, es rauscht!
Willkommen, Strahl! Ich liebe Dich zwar mehr,
Wenn Du, anstatt so kurz vom Stein heraus
Zu quellen und mir in den Mund zu springen,
Den krausen Umweg durch die Rebe nimmst,
Denn du bringst Vieles mit von deiner Reise,
Was uns den Kopf mit munt'rer Thorheit füllt,
Doch sei auch so gepriesen.
(Er geht auf den Brunnen zu.)
Aber nein,
Erst will ich büßen, und Ihr sollt's bezeugen,
Daß ich's gethan. Ich bin der Durstigste
Von Allen und ich will als Letzter trinken,
Weil ich ein wenig hart mit Kriemhild war.

Hagen.
So fang' ich an.
(Er geht zum Brunnen.)
Siegfried (zu Gunther).
Erheit're Dein Gesicht,
Ich hab' ein Mittel, Brunhild zu versöhnen,
Du hast es nicht mehr weit zum ersten Kuß,
Und ich will mich enthalten, wie Du selbst.

Hagen (kommt wieder und entwaffnet sich).
Man muß sich bücken, und das geht nicht so.
(Wieder ab.)
Siegfried.
Kriemhild will sie vor allem Deinem Volk,
Bevor wir ziehen, um Verzeihung bitten,
Das hat sie frei gelobt, nur will sie gleich
Mit dem Erröthen fort.
Hagen (kommt wieder).
So kalt, wie Eis.
Siegfried.
Wer folgt?

Volker.
Wir essen erst.

Siegfried.
Wohlan!
(Er geht auf den Brunnen zu, kehrt aber wieder um.)
Ja so!
(Er entwaffnet sich und geht.)

Hagen (auf die Waffen deutend).
Hinweg damit!

Dankwart (trägt die Waffen fort).

Hagen
(der seine Waffen wieder aufgenommen und Gunther fortwährend den
Rücken zugewendet hat, nimmt einen Anlauf und wirft seinen Speer).

Siegfried (schreit auf).
Ihr Freunde!

Hagen (ruft).
Noch nicht still?
(Zu den Andern.)
Kein Wort mit ihm, was er auch sagen mag!

Siegfried (kriecht herein).
Mord! Mord! — Ihr selbst? Beim Trinken! Gunther,
Gunther,
Verdient' ich das um Dich? Ich stand Dir bei
In Noth und Tod.

Hagen.
Haut Zweige von den Bäumen,
Wir brauchen eine Bahre. Aber starke,
Ein todter Mann ist schwer. Rasch!

Siegfried.
Ich bin hin,
Doch noch nicht ganz!
(Er springt auf.)
Wo ist meine Schwert geblieben?
Sie trugen's fort. Bei Deiner Mannheit, Hagen,
Dem todten Mann ein Schwert! Ich ford're Dich
Noch jetzt zum Kampf heraus!

Hagen.
Der hat den Feind
Im Mund, und sucht ihn noch.

Siegfried.
          Ich tropfe weg,
Wie eine Kerze, die in's Laufen kam,
Und dieser Mörder weigert mir die Waffe,
Die ihn ein wenig wieder adeln könnte.
Pfui, pfui, wie feig! Er fürchtet meinen Daumen,
Denn ich bin nur mein Daumen noch.
          (Er strauchelt über seinen Schild.)
                              Mein Schild!
Mein treuer Schild, ich werf' den Hund mit Dir!
(Er blickt sich nach dem Schilde, kann ihn aber nicht mehr heben und
              richtet sich taumelnd wieder auf.)
Wie angenagelt! Auch für diese Rache
Ist's schon zu spät!
          Hagen.
                Ha! wenn der Schwätzer doch
Die lose Zunge, die noch immer plappert,
Zermalmte mit den Zähnen, zwischen denen
Sie ungestraft so lange sündigte!
Da wär' er gleich gerächt, denn die allein
Hat ihn so weit gebracht.
          Siegfried.
                    Du lügst! Das that
Dein Neid!
          Hagen.
Schweig! Schweig!
          Siegfried.
                    Du drohst dem todten Mann?
Traf ich's so gut, daß ich Dir wieder lebe?
Zieh' doch, ich falle jetzt von selbst, Du kannst
Mich gleich bespei'n, wie einen Haufen Staub,
Da lieg' ich schon —
          (Er stürzt zu Boden.)
            Den Siegfried seid Ihr los!
Doch wißt, Ihr habt in ihm Euch selbst erschlagen,
Wer wird Euch weiter trau'n! Man wird Euch hetzen,
Wie ich den Dänen wollte —
          Hagen.
                  Dieser Tropf
Glaubt noch an uns're List!
          Siegfried.
                  So ist's nicht wahr?

Entsetzlich! Furchtbar! Kann der Mensch so lügen!
Nun wohl! Da seid Ihr's ganz allein! Man wird
Euch immer mit verfluchen, wenn man flucht,
Und sprechen: Kröten, Vipern und Burgunden!
Nein, Ihr voran: Burgunden, Vipern, Kröten,
Denn Alles ist für Euch dahin, die Ehre,
Der Ruhm, der Adel, Alles hin, wi' ich!
Dem Frevel ist kein Maß noch Ziel gesetzt,
Es kann der Arm sogar das Herz durchbohren,
Doch sicher ist es seine letzte That!
Mein Weib! mein armes, ahnungsvolles Weib,
Wie wirst Du's tragen! Wenn der König Gunther
Noch irgend Lieb' und Treu' zu üben denkt,
So üb' er sie an Dir! — Doch besser gehst Du
Zu meinem Vater! — Hörst Du mich, Kriemhild?
(Er stirbt.)

Hagen.
Jetzt schweigt er. Aber jetzt ist's kein Verdienst!

Dankwart.
Was sagen wir?

Hagen.
Das Dümmste! Sprecht von Schächern,
Die ihn im Tann erschlugen. Keiner wird's
Zwar glauben, doch es wird auch Keiner, denk' ich,
Uns Lügner nennen! Wir stehen wieder da,
Wo Niemand Rechenschaft von uns verlangt,
Und sind wie Feuer und Wasser. Wenn der Rhein
Auf Lügen sinnt, warum er ausgetreten,
Ein Brand, warum er ausgebrochen ist,
Dann wollen wir uns quälen. Du, mein König,
Hast Nichts befohlen, deß' erinn're Dich,
Ich hafte ganz allein. Nun fort mit ihm!
(Alle ab mit der Leiche.)

Dritte Scene.
(Kriemhild's Gemach. Tiefe Nacht.)

Kriemhild.
Es ist noch viel zu früh, mich hat mein Blut
Geweckt und nicht der Hahn, den ich so deutlich
Zu hören glaubte.

(Sie tritt zum Fenster und öffnet einen Laden.)
Noch erlosch kein Stern,
Zur Messe ist's gewiß noch eine Stunde!
Heut sehn' ich mich nach dem Gebet im Dom.

Vierte Scene.
(Ute tritt leise ein.)

Ute.

Schon auf, Kriemhild?

Kriemhild.
Das wundert mich von Dir,
Du pflegst ja erst des Morgens einzuschlafen
Und auf Dein Mutterrecht, von Deiner Tochter
Geweckt zu werden, wie sie einst von Dir,
Dich zu verlassen.

Ute.
Heute konnt' ich nicht,
Es war zu laut.

Kriemhild.
Hast Du das auch bemerkt?

Ute.
Ja, wie von Männern, wenn sie stille sind.

Kriemhild.
So irrt' ich nicht?

Ute.
Das hält den Odem an,
Doch dafür fällt das Schwert! Das geht auf Zehen
Und stößt den Ofen um! Das schweigt den Hund
Und tritt ihn auf den Fuß!

Kriemhild.
Sie sind vielleicht
Zurück.

Ute.
Die Jäger?

Kriemhild.
Einmal kam's mir vor,
Als ob man bis an meine Thür sich schliche,
Da dacht' ich, Siegfried sei's.

Ute.

Und gabst Du ihm
Ein Zeichen, daß Du wachtest?

Kriemhild.

Nein.

Ute.

So kann
Er's auch gewesen sein! Nur wäre das
Doch fast zu schnell.

Kriemhild.

So will's mich auch bedünken!
Auch hat er nicht geklopft.

Ute.

Sie zogen ja,
So viel ich weiß, nicht für die Küche aus,
Sie wollen unsern Mayern Ruhe schaffen,
Die ihre Pflüge zu verbrennen droh'n,
Weil stets der Eber erntet, wo sie sä'n!

Kriemhild.

So?

Ute.

Kind, Du bist schon völlig angekleidet
Und hast nicht eine Magd um Dich?

Kriemhild.

Ich will
Die kennen lernen, die die Früh'ste ist,
Auch hat es mich zerstreut.

Ute.

Ich hab' sie Alle
Der Reihe nach beleuchtet mit der Kerze.
Ein jedes Jahr schläft anders! Fünfzehn, Sechszehn
Noch ganz, wie Fünf und Sechs. Mit Siebzehn kommen
Die Träume und mit Achtzehn die Gedanken,
Mit Neunzehn schon die Wünsche —

Fünfte Scene.

Kämmerer (vor der Thür schreit).

Heil'ger Gott!

Ute.

Was ist's? Was giebt's?

Kämmerer (tritt ein).
Ich wäre fast gefallen.
Ute.
Und darum dieß Geschrei?
Kämmerer.
Ein todter Mann!
Ute.
Wie? Was?
Kämmerer.
Ein todter Mann liegt vor der Thür.
Ute.
Ein todter Mann?
Kriemhild (fällt um).
So ist's auch mein Gemahl!
Ute (sie auffangend).
Unmöglich!
(Zum Kämmerer.)
Leuchte!
Kämmerer (thut es und nickt dann).
Ute.
Siegfried? — Mord und Tod!
Auf! auf, was schläft!
Kämmerer.
Zu Hülfe!
(Die Mägde stürzen herein.)
Ute.
Aermstes Weib!
Kriemhild (sich erhebend).
Das rieth Brunhild und Hagen hat's gethan! —
Ein Licht!
Ute.
Mein Kind! Er —
Kriemhild (ergreift eine Kerze).
Ist's! Ich weiß, ich weiß!
Nur, daß man ihn nicht tritt. Du hörtest ja,

Die Kämm'rer stolpern über ihn. Die Kämm'rer!
Sonst wichen alle Kön'ge aus.

Ute.
So gib.

Kriemhild.
Ich setz' es selber hin.
(Sie stößt die Thür auf und fällt zu Boden.)
O Mutter, Mutter,
Warum gebarst Du mich! — Du theures Haupt,
Ich küsse Dich und such' nicht erst den Mund,
Jetzt ist er überall. Du kannst nicht wehren,
Sonst thätest Du's vielleicht, denn diese Lippen —
Es thut zu weh.

Kämmerer.
Sie stirbt.

Ute.
Ich könnt' ihr wünschen,
Es wäre so!

Sechste Scene.

(Gunther kommt mit Dankwart, Rumolt, Giselher und Gerenot.)

Ute (Gunther entgegen).
Mein Sohn, was ist gescheh'n?

Gunther.
Ich möchte selber weinen. Doch wie habt
Ihr's schon erfahren? Durch den heil'gen Mund
Des Priesters sollte Euch die Kunde werden,
Ich trug's ihm in der Nacht noch auf.

Ute (mit einer Handbewegung).
Du siehst,
Der arme Todte meldete sich selbst!

Gunther (heimlich zu Dankwart).
Wie ging das zu?

Dankwart.
Mein Bruder trug ihn her!

Gunther.
O pfui!

Dankwart.
Er war davon nicht abzubringen,
Und als er wiederkehrte, lacht' er auf:
Dieß ist mein Dank für seinen Abschiedsgruß.

Siebente Scene.

(Kaplan tritt ein.)

Gunther (ihm entgegen).
Zu spät!

Kaplan.
Und solch ein Mann im Tann erschlagen!

Dankwart.
Der Zufall hat des Schächers Speer gelenkt,
Daß er die Stelle traf. So können Riesen
Durch Kinder fallen.

Ute (fortwährend mit den Mägden um Kriemhild beschäftigt).
Steh' nun auf, Kriemhild!

Kriemhild.
Noch eine Trennung? Nein! Ich fass' ihn so,
Daß Ihr mich mit begraben, oder mir
Ihn lassen müßt. Ich hab' den Lebenden
Nur halb umarmt, das lern' ich jetzt am Todten.
O wär' es umgekehrt! Ich küßt' ihn noch
Nicht einmal auf die Augen! Alles neu!
Wir glaubten Zeit zu haben.

Ute.
Komm', mein Kind!
Er kann doch nicht im Staub so liegen bleiben.

Kriemhild.
O, das ist wahr! Was reich und köstlich ist,
Muß heute wohlfeil werden.

(Sie steht auf.)

Hier die Schlüssel!

(Sie wirft Schlüssel von sich.)

Es giebt ja keinen Festtag mehr! Die Seide,
Die gold'nen Prachtgewänder und das Linnen,

Bringt Alles her! Vergeßt die Blumen nicht,
Er liebte sie! Reißt alle, alle ab,
Sogar die Knospen derer, die erst kommen,
Wem blühten sie wohl noch! Das thut hinein
In seinen Sarg, mein Brautkleid ganz zu oben,
Und legt ihn sanft darauf, dann mach' ich so
(Sie breitet die Arme aus.)
Und deck' ihn mit mir selber zu!
Gunther (zu den Seinigen.)
Ein Eid!
Ihr thut kein Mensch mehr weh.
Kriemhild (wendet sich).
Die Mörder da?
Hinweg! Damit er nicht auf's Neue blute!
Nein! Nein! Heran.
(Sie faßt Dankwart.)
Damit er für sich zeuge!
(Sie wischt sich die Hand am Kleide ab.)
O pfui, nun darf ich ihn mit meiner Rechten
Nicht mehr berühren! Kommt das arme Blut?
Mutter, sieh hin! Ich kann nicht! Nein? So sind's
Nur noch die Hehler und der Thäter fehlt.
Ist Hagen Tronje hier, so tret' er vor,
Ich sprech' ihn frei und reiche ihm die Hand.
Ute.
Mein Kind —
Kriemhild.
Geh' nur hinüber zu Brunhild,
Sie ißt und trinkt und lacht.
Ute.
Es waren Schächer —
Kriemhild.
Ich kenne sie.
(Sie faßt Giselher und Gerenot bei der Hand.)
Du warst nicht mit dabei! —
Du auch nicht!
Ute.
Hör' doch nur!
Rumolt.
Wir hatten uns
Im Wald verteilt, es war sein eig'ner Wunsch,

Auch ist es Brauch, und fanden ihn im Sterben,
Als wir zusammen trafen.
Kriemhild.
Fandet Ihr?
Was sprach er da? Ein Wort! Sein letztes Wort
Ich will Dir glauben, wenn Du's sagen kannst,
Und wenn's kein Fluch ist. Aber hüte Dich,
Denn leichter wächst Dir aus dem Mund die Rose,
Als Du's ersinnst, wenn Du es nicht gehört.
(Da Rumolt stockt.)
Du logst!
Kaplan.
Doch kann's so sein! Die Elstern ließen
Schon Messer fallen, welche tödteten,
Was Menschenhänden unerreichlich war,
Und was ein solcher Dieb der Lüfte trifft,
Weil ihm sein blanker Raub zu schwer geworden,
Das trifft wohl auch der Schächer.
Kriemhild.
Frommer Vater!
Du weißt nicht!
Dankwart.
Fürstin, heilig ist Dein Schmerz,
Doch blind zugleich und ungerecht. Dir zeugen
Die ehrenwerthsten Recken —
(Inzwischen ist die Thür zugemacht worden und die Leiche nicht mehr sichtbar.)
Kriemhild (als sie dieß bemerkt).
Halt! Wer wagt's —
(Eilt zur Thüre.)
Ute.
Bleib! Bleib! Er wird nur leise aufgehoben,
Wie Du es selber wünschtest —
Kriemhild.
Her zu mir!
Sonst wird er mir gestohlen und begraben,
Wo ich ihn nimmer finde.
Kaplan.
In den Dom!
Ich folge nach, denn jetzt gehört er Gott.
(Ab.)

Achte Scene.

Kriemhild.

Wohl! In den Dom!
(Zu Gunther.)
Es waren also Schächer?
So stell' Dich dort mit allen Deinen Sippen
Zur Todtenprobe ein!

Gunther.
Es mag gescheh'n.

Kriemhild.
Mit Allen, sag' ich. Aber Alle sind
Hier nicht versammelt. Ruft auch den, der fehlt!
(Alle ab, aber Männer und Frauen aus verschiedenen Thüren.)

Neunte Scene.

Dom.

Fackeln. Der Kaplan mit anderen Priestern seitwärts vor einer eisernen Thür. Im Portal sammeln sich Hagen's Sippen bis zu Sechzzig. Zuletzt Hagen, Gunther und die Uebrigen.
(Es klopft.)

Kaplan.
Wer klopft?

Antwort von draußen.
Ein König aus den Niederlanden
Mit so viel Kronen, als er Finger hat.

Kaplan.
Den kenn' ich nicht.
(Es klopft wieder.)

Kaplan.
Wer klopft?

Antwort von draußen.
Ein Held der Erde,
Mit so viel Trophäen, als er Zähne hat.

Kaplan.
Den kenn' ich nicht.
(Es klopft wieder.)

Kaplan.
Wer klopft?

Antwort von draußen.

Dein Bruder Siegfried,
Mit so viel Sünden, als er Haare hat.

Kaplan.

Thut auf!

(Die Thüre wird geöffnet und Siegfried's Leichnam auf der Bahre herein getragen. Ihm folgen Kriemhild und Ute mit den Mägden.)

Kaplan (gegen den Sarg).

Du bist willkommen, todter Bruder,
Du suchst den Frieden hier!

(Zu den Frauen, die er vom Sarge abschneidet, indem er, während dieser niedergesetzt wird, zwischen sie und ihn tritt.)

Auch Ihr willkommen,
Wenn Ihr den Frieden sucht, wie er ihn sucht.

(Er hält Kriemhild das Kreuz vor.)

Du kehrst Dich ab von diesem heil'gen Zeichen?

Kriemhild.

Ich suche hier die Wahrheit und das Recht.

Kaplan.

Du suchst die Rache, doch die Rache hat
Der Herr sich vorbehalten, er allein
Schaut in's Verborg'ne, er allein vergilt!

Kriemhild.

Ich bin ein armes, halb zertret'nes Weib,
Und kann mit meinen Locken keinen Recken
Erdrosseln: welche Rache bliebe mir?

Kaplan.

Was brauchst Du denn nach Deinem Feind zu forschen,
Wenn Du an ihm nicht Rache nehmen willst,
Ist's nicht genug, daß ihn sein Richter kennt?

Kriemhild.

Ich möchte dem Unschuldigen nicht fluchen.

Kaplan.

So fluche Keinem und Du thust es nicht! —
Du armes Menschenkind, aus Staub und Asche
Geschaffen und vom nächsten Wind zerblasen,
Wohl trägst Du schwer und magst zum Himmel schrei'n,
Doch schau auf den, der noch viel schwerer trug!

In Knechtsgestalt zu uns herabgestiegen,
Hat er die Schuld der Welt auf sich genommen
Und büßend alle Schmerzen durchempfunden,
Die von dem ersten bis zum letzten Tage
Die abgefall'ne Kreatur verfolgen,
Auch Deinen Schmerz, und tiefer, als Du selbst!
Die Kraft des Himmels saß auf seinen Lippen
Und alle Engel schwebten um ihn her,
Er aber war gehorsam bis zum Tode,
Er war gehorsam bis zum Tod am Kreuz.
Dieß Opfer bracht' er Dir in seiner Liebe,
In seinem unergründlichen Erbarmen,
Willst Du ihm jetzt das Deinige verweigern?
Sprich rasch: Begrab't den Leib! Und kehre um!

Kriemhild.
Du hast Dein Werk gethan, nun ich das meine!
(Sie geht zum Sarg und stellt sich zu Häupten.)
Tritt jetzt heran, wie ich, und zeuge mir!

Kaplan (geht gleichfalls zum Sarg und stellt sich zu Füßen. Drei
Posaunenstöße).

Hagen (zu Gunther).
Was ist gescheh'n?

Gunther.
Es ward ein Mann erschlagen.

Hagen.
Und warum steh' ich hier?

Gunther.
Dich trifft Verdacht.

Hagen.
Den werden meine Sippen von mir nehmen,
Ich frage sie. — Seid Ihr bereit, zu schwören,
Daß ich kein Meuchler und kein Mörder bin?

Alle Sippen bis auf Giselher.
Wir sind bereit.

Hagen.
Mein Giselher, Du schweigst?
Bist Du bereit für Deinen Ohm zu schwören,
Daß er kein Meuchler und kein Mörder ist?

9*

Giselher (die Hand erhebend).
Ich bin bereit.
Hagen.
Den Eid erlaß' ich Euch.
(Er tritt in den Dom zu Kriemhild.)
Du siehst, ich bin gereinigt, wann ich will,
Und brauche mich am Sarg nicht mehr zu stellen,
Allein ich thu's und will der Erste sein!
(Er schreitet langsam hinauf zum Sarg.)
Ute.
Schau weg, Kriemhild.
Kriemhild.
Laß, laß! Er lebt wohl noch!
Mein Siegfried! O, nur Kraft für Einen Laut,
Für Einen Blick!
Ute.
Unglückliche! Das ist
Nur die Natur, die sich noch einmal regt.
Furchtbar genug!
Kaplan.
Es ist der Finger Gottes,
Der still in diesen heil'gen Brunnen taucht,
Weil er ein Kainszeichen schreiben muß.
Hagen (neigt sich über den Sarg).
Das rothe Blut! Ich hätt' es nie geglaubt!
Nun seh' ich es mit meinen eig'nen Augen.
Kriemhild.
Und fällst nicht um?
(Sie springt auf ihn zu).
Jetzt fort mit Dir, Du Teufel.
Wer weiß ob ihn nicht jeder Tropfen schmerzt,
Den Deine Mördernähe ihm entzapft!
Hagen.
Schau her, Kriemhild. So siedet's noch im Todten,
Was willst Du fordern vom Lebendigen?
Kriemhild.
Hinweg! Ich packte Dich mit meinen Händen,
Wenn ich nur Einen hätte, der sie mir
Zur Reinigung dann vom Leib herunter hiebe,

Denn Waschen wäre nicht genug, und könnt' es
In Deinem Blut gescheh'n. Hinweg! Hinweg!
So standest Du nicht da, als Du ihn schlugst,
Die wölf'schen Augen fest auf ihn geheftet,
Und durch Dein Teufelslächeln den Gedanken
Voraus verkündigend! Von hinten schlichst
Du Dich heran und miedest seinen Blick,
Wie wilde Thiere den des Menschen meiden,
Und spähtest nach dem Fleck, den ich — Du Hund,
Was schwurst Du mir?

Hagen.
Ihn gegen Feuer und Wasser
Zu schirmen.

Kriemhild.
Nicht auch gegen Feinde?

Hagen.
Ja.
Das hätt' ich auch gehalten.

Kriemhild.
Um ihn selbst
Zu schlachten, nicht?

Hagen.
Zu strafen!

Kriemhild.
Unerhört!
Ward je, so lange Himmel und Erde steh'n,
Durch Mord gestraft?

Hagen.
Den Recken hätte ich
Gefordert, und mir ist's wohl zuzutrau'n,
Allein er war vom Drachen nicht zu trennen,
Und Drachen schlägt man todt. Warum begab sich
Der stolze Held auch in des Lindwurms Hut!

Kriemhild.
Des Lindwurms Hut! Er mußt' ihn erst erschlagen,
Und in dem Lindwurm schlug er alle Welt!
Den Wald mit allen seinen Ungeheuern
Und jeden Recken, der den grimm'gen Drachen
Aus Furcht am Leben ließ, Dich selber mit!

Du nagst umsonst an ihm! Es war der Neid,
Dem Deine Bosheit grause Waffen lieh!
Man wird von ihm und seinem Adel sprechen,
So lange Menschen auf der Erde leben,
Und ganz so lange auch von Deiner Schmach.

Hagen.

Es sei darum!
(Er nimmt dem Leichnam den Balmung von der Seite).
Nun hört's gewiß nicht auf!
(Er umgürtet sich mit dem Schwerte und geht langsam zu den Seinigen zurück.)

Kriemhild.

Zum Mord den Raub!
(Gegen Gunther.)
Ich bitte um Gericht.

Kaplan.

Gedenke dessen, der am Kreuz vergab.

Kriemhild.

Gericht! Gericht! Und wenn's der König weigert,
So ist er selbst mit diesem Blut bedeckt.

Ute.

Halt ein! Du wirst Dein ganzes Haus verderben —

Kriemhild.

Es mag gescheh'n! Denn hier ist's überzahlt!
(Sie wendet sich gegen den Leichnam und stürzt an der Bahre nieder.)

Dritte Abtheilung.

Kriemhild's Rache.

Ein Trauerspiel in fünf Acten.

Personen:

König Gunther.
Hagen Tronje.
Volker.
Dankwart.
Rumolt.
Giselher.
Gerenot.
Kaplan.
König Etzel.
Dietrich von Bern.
Hildebrant, sein Waffenmeister.
Markgraf Rüdeger.
Iring } nordische Könige.
Thüring
Werbel } Etzel's Geiger.
Swemmel
Ute.
Kriemhild.
Gotelinde, Rüdeger's Gemahlin.
Gudrun, deren Tochter.
Ein Pilgrim
Ein Henne   } stumm.
Ortlil, ein Kind
Eckewart

Erster Act.

Worms. Großer Empfangssaal.

Erste Scene.

(König Gunther auf dem Thron. Alle Burgunden. Hagen. Dankwart. Gerenot. Giselher. Ute. Etzel's Gesandte. Rüdeger.)

Gunther.
Gefällt es Euch, hochedler Rüdeger,
So mögt Ihr Eures Auftrags Euch entled'gen,
Denn die Burgunden sind um mich vereint.

Rüdeger.
So werb' ich denn im Namen meines Herrn,
Der überall gebietet und befiehlt
Und nur vor Euch als Bittender erscheint,
Um Kriemhild, Deine Königliche Schwester.
Denn sie allein ist würdig, der zu folgen,
Die er mit bitt'rem Schmerz verloren hat,
Und Wittwer muß er bleiben, wenn Ihr ihm
Die einzige verweigert, welche Helke
Ersetzen und das Volk, das sie betrauert,
Als hätt' ein Jeder Theil an ihr gehabt,
Mit einer neuen Wahl versöhnen kann.

Gunther.
Wenn Du von Deinem Königlichen Herrn
Vermelden kannst, daß er nur selten bittet,
So merk' Dir auch, daß wir nur selten danken;
Doch Etzel hat den dunklen Hennenthron
So hoch erhöht und seinen wilden Namen
So manchem Völkerrücken eingekerbt,
Daß ich mich gern erhebe und Dir sage:
Wir danken ihm und fühlen uns geehrt.

Rüdeger.
Und welche weit're Antwort bring' ich ihm?
Gunther.
Wenn wir nicht die Trompeten schallen lassen
Und die Johannisfeuer vor der Zeit
Auf allen Bergen weit und breit entzünden,
So glaube nicht, daß unser Fürstenstolz
Den Ausbruch uns'res Jubels unterdrückt
Und daß wir mehr verlangen, als Du bietest;
Das weißt Du wohl, daß Kriemhild Wittwe ist?
Rüdeger.
Wie Etzel Wittwer, ja! Und eben dieß
Verbürgt dem Bund der Beiden Heil und Segen
Und giebt ihm Weihe, Adel und Bestand.
Sie suchen nicht, wie ungeprüfte Jugend
Im ersten Rausch, ein unbegrenztes Glück,
Sie suchen nur noch Trost, und wenn Kriemhild
Den neuen Gatten auch mit Thränen küßt,
Und ihn ein Schauder faßt in ihren Armen,
So denkt sich Jedes still: Das gilt dem Todten!
Und hält das And're doppelt werth darum.
Gunther.
So sollt' es sein! Doch trotz der langen Frist,
Die seit dem unglücksel'gen Tag verstrich,
Der ihr den Gatten raubte, mir den Bruder,
Weilt meine Schwester, bis zur Stunde, mehr
An ihres Siegfried's Gruft im Kloster Lorsch,
Als unter uns. Sie meidet jede Freude
So ängstlich, wie ein And'rer Missethat,
Und wär's auch nur ein Blick in's Abendroth
Oder auf's Blumenbeet zur Zeit der Rosen:
Wie schlösse sie den neuen Ehebund!
Rüdeger.
Ist's Euch genehm? Und werdet Ihr gestatten,
Daß ich ihr selbst die Wünsche meines Herrn
Zu Füßen legen darf?
Gunther.
　　　Wir gönnen ihr
Das neue Glück und uns die neue Ehre

Und werden über alles And're Euch
Bescheiden, wenn wir Rath gehalten haben.
Für's Erste nehmt noch einmal unsern Dank!
(Rüdeger ab.)

Zweite Scene.

Hagen.

Nicht um die Welt!

Gunther.

Warum nicht, wenn sie will?

Hagen.

Wenn sie nicht wollte, könntest Du sie zwingen,
Denn auch der Wittwe Hand vergiebst Du frei.
Doch eher ließ' ich sie in Ketten schmieden,
Als zu den Hennen zieh'n.

Gunther.

Und warum das?

Hagen.

Und warum das! Die bloße Frage schon
Macht mich verrückt. Habt Ihr denn kein Gedächtniß?
Muß ich Dich erst erinnern, was geschah?

Gunther (deutet auf Ute).

Vergiß nicht —

Hagen.

Deine Mutter? Gleißnerei!
Sie weiß es längst! Ei, wenn sie mir die Hand
Seit unf'rer Jagd nicht einmal wieder reichte,
So hat sie Dich ja auch wohl nicht geküßt.

Gunther.

So ist's. Und da Du selbst in Deinem Trotz
Den dünnen Nebel zu zerblasen wagst,
Der das Geheimniß unf'res Hauses deckt;
Da Du das kümmerliche Grün zertrittst,
Das diese blut'ge Gruft besponnen hat,
Und mir die Knochen in das Antlitz schleuderst;
Da Du den letzten Rest von Scham erstickst,
Und höhnend auf die gift'ge Ernte zeigst,
Die aufgeschossen ist aus Deiner Saat:

So hab's denn auch, daß ich einmal die Brust
Mir lüfte, daß ich Dich und Deinen Rath
Verfluche und Dir schwöre: wär' ich nicht
So jung gewesen, nimmer hätt'st Du mich
So arg bethört, und jetzt, jetzt wirb' ich Dir
Mit Abscheu das verbieten, was ich damals
Aus Schwachheit, nicht aus Haß, geschehen ließ.

Hagen.
Ich glaub's, denn jetzt ist Brunhild längst Dein Weib.

Gunther.
Mein Weib! Ja wohl! Sie ist soweit mein Weib,
Als sie mir wehrt, ein anderes zu nehmen,
Doch sonst —

Hagen.
  Gibt's ein Geheimniß hier für mich?

Gunther.
Kann sein! Wie sie uns nach der That empfing,
Als ich den ersten Becher Wein's ihr brachte,
Das weißt Du wohl noch selbst: sie fluchte uns
Noch grauenvoller, als Kriemhild uns fluchte,
Und loderte in Flammen auf, wie nie,
Seit sie im Kampf erlag.

Hagen.
  Sie brauchte Zeit,
Um sich hinein zu finden.

Gunther.
  Als ich sie
Nun mahnte, daß sie selbst es ja geboten,
Goß sie den Wein mir in's Gesicht und lachte,
Wie ich die Menschheit noch nicht lachen hörte —
War's so? Sonst straf' mich Lügen!

Hagen.
  Allerdings,
Dann aber fiel sie um, und Alles war
Für immer aus.

Gunther.
  Ja wohl! So völlig aus,
Als hätt' sie ihre ganze Ewigkeit
In diesem einz'gen kurzen Augenblick

Durch ihren Feuerfluch voraus verzehrt,
Denn nur als Todte stand sie wieder auf!

Hagen.

Als Todte?

Gunther.

Ja, obgleich sie ißt und trinkt
Und in die Runen stiert. Du hattest Recht,
Nur Siegfried war im Weg.

Hagen.

Ich glaubte — — Nein!

Gunther.

Das mild'ste Wort entlockt ihr nie ein Lächeln,
Und hätt' ich's Volker's frischem Liedermund
In einer gold'nen Stunde abgefangen,
Das härteste noch minder eine Thräne,
Sie kennt den Schmerz und auch die Lust nicht mehr.

Ute.

So ist's! Dir alte Amme deckt's nur zu!

Gunther.

Stumpf blickt sie d'rein, als wär' ihr Blut vergraben
Und wärme eines Wurmes kalt Gedärm,
Wie man's in alten Mären hört. Der ist
Jetzt mehr, als seines Gleichen, und sie selbst
Ist weniger, unendlich weniger,
Bis ihn in hundert oder tausend Jahren,
Wie's blind der Zufall fügt, ihr Fuß zertritt.
Du magst Dich freuen, Gerenot, Dir ist
Die Krone der Burgunden schon gewiß,
Sie bringt mir keinen Erben.

Hagen.

Steht es so!

Gunther.

Du wunderst Dich, daß Du's erst jetzt erfährst?
Ich trug das Alles still, doch heute hast
Du selbst das Licht ja auf den Tisch gestellt:
Nun reiß' die Augen auf und sieh Dich um!
Im Hause Groll und Zwiespalt, draußen Schmach,
Entdeckst Du mehr in irgend einem Winkel,
So zeig' mir deinen Fund.

Hagen.
              Ein ander Mal.
      Gunther.
Doch von der Schmach kann diese Werbung uns
Erlösen, und so wahr ein Schwan sich taucht,
Wenn er das klare Wasser vor sich sieht,
Und sich den Staub aus dem Gefieder wäscht,
So wahr auch will ich dieses Werk betreiben,
Wie ich noch Nichts auf dieser Welt betrieb.
      Hagen.
Mein König, Eins von Beidem kann nur sein:
Entweder liebte Kriemhild ihren Gatten,
Wie nie ein Weib den ihren noch geliebt —
      Gunther.
Ich bin der Letzte, der Dir dieß bestreitet,
Ich kenne Unterschied!
      Hagen.
            Dann muß sie uns
Auch hassen, wie ein Weib noch niemals haßte —
      Gunther.
Uns? Dich vielleicht!
      Hagen.
            Sie unterscheidet wohl!
Und wenn sie uns so haßt, so muß sie brennen,
Es darzuthun, denn selbst die Liebe ist
So gierig nicht nach Kuß und nach Umarmung,
Wie grimm'ger Haß nach Mord und Blut und Tod,
Und wenn der Liebe langes Fasten schadet,
So wird der Haß nur immer hung'riger.
      Gunther.
Du kannst es wissen.
      Hagen.
            Ja, ich weiß es auch,
Und darum warn' ich Dich!
      Gunther.
                  Wir sind versöhnt.
      Hagen.
Versöhnt! Nun, bei den namenlosen Göttern!
Wenn ich Dein Mann, Dein treu'ster Mann nicht wäre,

Wenn jeder Tropfen meines Blutes nicht
So für Dich pochte, wie das ganze Herz
Der Uebrigen, wenn ich, was Du erst fühlst,
Wenn es Dich trifft, nicht immer vorempfände,
Und tiefer oft wie Du in Wirklichkeit:
Jetzt würd' ich schweigen und nicht einmal lachen,
Denn selbst die Warnung, die im Hohn noch liegt,
Verdient solch eine Rede nicht! Versöhnt!
Ja, ja, sie bot die Wange endlich dar,
Weil
          (er deutet auf Giselher und Ute)
          Dieser täglich bat und Diese weinte,
Und — Trankt Ihr auch? Ich glaube nicht einmal,
Doch damit war die Rechnung nicht zerrissen,
Nein, die Versöhnung kam als neuer Posten
Hinzu, und nur noch größer ward die Schuld.

Ute.
Du denkst von meiner Tochter, wie von Dir!
Du magst die Wange bieten und nur fühlen,
Daß ihr des Mundes gift'ge Zähne mangeln,
Sie wird das heil'ge Zeichen nicht entweih'n,
Das allem Hader unter Menschenkindern
Ein Ende setzte, seit die Erde steht.

Hagen.
Die Nibelungen haben ihren Vater
Um Gold erschlagen, um dasselbe Gold,
Das Siegfried an den Rhein gebracht. Wer hätte
Sich's wohl gedacht, bevor sie's wirklich thaten!
Doch ist's gescheh'n und wird noch oft gescheh'n.

Gerenot.
Ich hör' in allen Stücken gern auf Dich,
Nur nicht in dem. Du übertrugst den Haß
Von Siegfried auf Kriemhild.

Hagen.
                    Du kennst mich schlecht!
Zeig' mir das Land, wovon kein Weg zurück
In uns'res führt, ich will's für sie erobern,
Und ihr den Thron erbau'n, so hoch sie mag:
Nur gebt ihr keine Waffen, muß ich rathen,

Wenn sie Euch selbst damit erreichen kann.
Glaubt Ihr, ich habe ihr den Hort geraubt,
Um ihr auf's Neue weh zu thun? O pfui!
Ich ehre ihren Schmerz und zürn' ihr nicht,
Daß sie mir flucht. Wer wünschte sich denn nicht
Ein Weib, wie sie, wer möchte nicht ein Weib,
Das blind für Alles ist, so lang man lebt,
Und wenn man stirbt, noch mit der Erde hadert,
Weil sie nicht strahlt und leuchtet, wo man liegt?
Ich that's nur, weil es nöthig war.
     Ute.
       Das hätte
Nicht mehr geschehen sollen.
     Hagen.
      Die Versöhnung
Ward schlecht dadurch besiegelt, das ist wahr,
    (Zu Gunther.)
Und ob sie Dich entschuldigt, weil Du kurz
Vorher das Land verließest, weiß ich nicht
Und zweifle fast daran, da Du versäumtest,
Den Räuber zu bestrafen, als Du kamst!
Doch unterbleiben durft es nicht, sie hätte
Ein Heer damit geworben.
     Ute.
      Sie ein Heer!
Sie dachte nicht daran.
     Hagen.
      Noch nicht, ich weiß.
Sie füllte links und rechts die offnen Hände
Mit Siegfried's Gold und kümmerte sich nicht,
Ob Einer einmal oder zehnmal kam.
Das war das Mittel, Freunde zu erwerben
Und zu erhalten.
     Ute.
      Das geschah allein
Zu Siegfried's Angedenken, und man wird
Auf dieser Welt das Bild nicht wiederseh'n,
Wie sie in ihrem schwarzen Trauerkleide,
Das schöne, stille Auge immer feucht,
Die Edelsteine und das rothe Gold

Vertheilte unter die Verlangenden
Und es nicht selten wusch mit ihren Thränen,
Der höchste Jammer, vom Geschick erlesen,
Des höchsten Glückes Spender hier zu sein.
Hagen.
Dieß meint' ich eben. Ja, es war ein Bild,
Den Stein zu rühren! Und da Wohlthat drückt
Und Jeder, um die Last sich zu erleichtern,
Auf irgend eine Art zu danken wünscht,
So hätte von den vielen Tausenden,
Die sich allmälig um sie sammeln mußten,
Zuletzt wohl einer sie gefragt: Was weinst Du?
Um auf den kleinsten Wink das Schwert zu zieh'n
Und den zu rächen, der den Wurm erschlagen
Und auch den reichen Hort in's Land gebracht.
Ute.
Und diesen Wink — den hätte Kriemhild je
Gegeben, glaubst Du? Ist sie nicht ein Weib?
Bin ich nicht ihre Mutter? Ist der König
Ihr Bruder nicht? Und sind ihr Gerenot
Und Giselher nicht werth bis diesen Tag?
Hagen.
Mir ist, als ob ich Siegfried reden hörte!
Die Raben kreisen warnend um ihn her,
Er aber denkt: Ich bin bei meinem Schwäher,
Und wirft sie mit dem Fuchs und jagt sie fort!
Gunther.
Ei was! — Es fragt sich nur, aus welchem Mund
Vernimmt sie wohl das erste Wort am liebsten!
(Zu Ute.)
Aus Deinem, denk' ich. Sprich denn Du mit ihr.
(Alle ab.)

Dritte Scene.
(Kriemhild's Kemenate.)

Kriemhild (füttert ihre Vögel und ihr Eichkätzchen).
Ich hab' so oft mich über alte Leute
Gewundert, daß sie so an Thieren hängen,
Jetzt thu' ich's selbst.

Vierte Scene.

(Ute tritt ein.)

Ute.
Schon wieder Deine Hand
Im Weizenkorb?

Kriemhild.
Du weißt, ich bin dazu
Noch eben reich genug und hab' sie gern.
Sie sind mit mir zufrieden, Jedes kann
Entflieh'n, sobald es will, denn offen steht
Der Käfig, wie das Fenster, doch sie bleiben,
Sogar das Kätzchen, dieses Sonntagsstück
Des arbeitsmüden Schöpfers, das er lieblich,
Wie Nichts, gebildet hat, weil ihm der schönste
Gedanke erst nach Feierabend kam,
Und das bei mir zum Kind geworden ist,
Wie sollt' ich sie nicht lieben!

Ute.
Immerhin,
Nur thust Du Menschen weh. Denn uns entziehst Du,
Was Du an sie verschwendest, und wir sind
Doch mehr, als sie.

Kriemhild.
Wer weiß das? Ist von Menschen
Dem edlen Siegfried Einer nachgestorben?
Nicht einmal ich, doch wohl sein treuer Hund.

Ute.
Kind!

Kriemhild.
Der verkroch sich unter seinen Sarg
Und biß nach mir, da ich ihm Speise bot,
Als wollt' ich ihn zu Missethat verleiten,
Ich flucht' und schwur, doch aß ich hinterher.
Vergieb mir, Mutter, aber unter Menschen
Erging's mir wohl zu schlecht, als daß ich nicht
Versuchen sollte, ob der wilde Wald
Nicht beß're Arten birgt.

Ute.
          Hör' davon auf,
Ich hab' Dir was zu sagen!
          Kriemhild (ohne auf sie zu hören.)
                    Und ich glaub's.
Der grimm'ge Leu verschont den Schlafenden,
Zu edel hat ihn die Natur gebildet,
Als daß er würgt, was sich nicht wehren kann.
Den Wachenden zerreißt er zwar, doch nur
Aus Hunger, aus dem nämlichen Bedürfniß,
Das auch den Menschen auf den Menschen hetzt,
Nicht weil er ihm das Angesicht beneidet
Und ihm den freien stolzen Gang nicht gönnt,
Was unter uns aus Helden Mörder macht.
          Ute.
Die Schlange aber sticht und fragt nicht lange,
Ob hinten oder vorn.
          Kriemhild.
               Wenn man sie tritt.
Auch kann sie mit der Zunge, die sie braucht,
Um ihren Feind zu tödten, ihm nicht schwören,
Daß sie ihn küssen will. Sie führen Krieg
Mit uns, weil wir den heil'gen Gottesfrieden
Gebrochen haben, und versöhnen sich
Mit jedem Einzelnen, sobald er mag.
Zu ihnen hätt' ich, meinen Sohn im Arm,
Mich flüchten sollen, denn den nackten Menschen,
Den Ausgestoß'nen und Verlassenen,
Den sein Geschlecht verleugnet und verräth,
Beschützen sie, uralter Brüderschaft
Gedenkend, aus der Morgenzeit der Welt.
In Eu'rer Sprache hätt' ich ihm vertraut,
Was man an mir verübt, und sie in ihrer
Ihm zugeflüstert, wie's zu rächen sei.
Und wär' er dann, zum Mann herangewachsen,
Die wucht'ge Eichenkeule in der Hand,
Hervorgeschritten aus dem dunklen Wald,
So hätten sie ihn Alle, wie den König
Die Seinen, in gedrängter Schaar begleitet,
Vom Leuen an bis zu dem scheu'sten Wurm.

Ute.
Man wird ihn auch am Rhein das Fluchen lehren,
Denn Siegfried's Vater hat das Recht dazu,
Und Siegfried's Mutter kann es nicht mehr hindern,
Doch besser wär's gewesen, wenn Du ihn
Bei Dir behalten hättest.
Kriemhild.
Schweig, o schweig,
Wenn ich nicht auch an Dir noch zweifeln soll.
Ha! Siegfried's Sohn am Hof der Nibelungen!
Man hätte nicht zu seinem dritten Zahn
Ihn kommen lassen.
Ute.
Du bezahlst es theuer,
Daß Du den Trost, den die Natur Dir bot,
Von Dir gestoßen hast.
Kriemhild.
Mir ist's genug,
Daß ich das Kind den Mördern doch entzog,
Sobald ich seinen ersten Laut vernahm,
Und nimmer werd' ich's Giselher vergessen,
Daß er so treu dazu geholfen hat.
Ute.
Du hast die Strafe, denn Du mußt Dich jetzt
An die da hängen.
(Deutet auf die Vögel.)
Kriemhild.
Warum quälst Du mich?
Du weißt doch wohl, wie's stand. Leg' einer Todten
Den Sohn an's Herz und ford're Milch von ihr:
Die heil'ge Quelle der Natur wird eher
In ihrer starren Brust auf's Neue springen,
Als meine Seele aus dem Winterschlaf
Zu wecken war, der nie ein Thier so tief
Bis in das Herz beschlichen hat, wie mich.
Ich war so weit, daß meine Träume sich
In's Wachen mischten und dem Morgenruf
Des muntren Hahnes trotzten: konnte ich
Wohl Mutter sein! Ich will auch Nichts von Ihm.

Er wurde nicht geboren, mich zu trösten,
Er soll den Mörder seines Vaters tödten,
Und wenn er's that, so wollen wir uns küssen
Und dann auf ewig aus einander geh'n.

Fünfte Scene.

(Giselher und Gerenot treten ein.)

Gerenot.

Nun, Mutter, nun?

Ute.

Ich sprach noch nicht davon.

Giselher.

So sprechen wir.

Kriemhild.

Was ist denn für ein Tag,
Daß alle meine Sippen sich so sammeln?
Treibt Ihr den Tod aus?

Gerenot.

Das ist längst gescheh'n!
Man spart ja schon auf das Johannisfeuer
Und steckt den Lauch mit Nächstem an den Balken,
Entfiel Dir der Kalender denn so ganz?

Kriemhild.

Seit mir die Kuchen nicht so viel mehr sind,
Vergeß' ich jedes Fest. Seid Ihr dafür
Nur um so fröhlicher.

Gerenot.

Das sind wir nicht,
So lange Du die schwarzen Kleider trägst,
Auch kommen wir, um Dir sie abzureißen,
Denn —

(Zu Ute.)

Mutter, nein, es ist doch besser, Du!

Kriemhild.

Was giebt's daß dieser sich so plötzlich wendet?

Ute.

Mein Kind, wenn Du noch einmal so, wie einst,
An meiner Brust Dein Haupt verbergen wolltest —

Kriemhild.
Gott spare Dir und mir den bitt'ren Tag,
An welchem das noch einmal nöthig wird!
Vergaßest Du?

Gerenot.
Ach, davon heute Nichts!

Ute.
Ich dachte an die Kinderzeit.

Giselher.
Ihr könnt
Nicht fertig werden. Nun, ich half Euch oft
Und will Euch wieder helfen, ob Ihr mich
Nun tadelt oder lobt.
(Zu Kriemhild.
Vernahmst Du nicht
Die schallenden Trompeten und den Lärm
Der Waffen und der Pferde? Das bedeutet:
Ein edler König wirbt um Deine Hand.

Ute.
So ist's.

Kriemhild.
Und meine Mutter hält für nöthig
Es mir zu melden? Hätt' ich doch gedacht,
Die stumpfste Magd, die uns im Stalle dient,
Wär' Weib genug, das Nein für mich zu sagen,
Wie ist es möglich, daß Du fragen kannst!

Ute.
Sie bieten's Dir.

Kriemhild.
Zum Hohn.

Ute.
Ich werde doch
Nicht ihres Hohnes Botin sein?

Kriemhild.
Dich kann
Ich eben nicht versteh'n.
(Zu den Brüdern.)
Ihr seid zu jung,
Ihr wißt nicht, was Ihr thut, Euch will ich mahnen,
Wenn Eure Stunde auch geschlagen hat.

(Zu Ute.)
Doch Du — — Ich sollte meinen edlen Siegfried
Im Tode noch verleugnen? Diese Hand,
Die er durch seinen letzten Druck geheiligt,
In eine and're legen? Diese Lippen,
Die, seit er hin ist, nur den Sarg noch küßten,
In dem er ruht, beflecken? Nicht genug,
Daß ich ihm keine Sühne schaffen kann,
Sollt' ich ihn auch noch um sein Recht verkürzen
Und sein Gedächtniß trüben? Denn man mißt
Die Todten nach dem Schmerz der Lebenden,
Und wenn die Wittwe freit, so denkt die Welt:
Sie ist das letzte unter allen Weibern,
Oder sie hat den letzten Mann gehabt.
Wie kannst Du's glauben!

Ute.
Ob Du's nun verschmähst,
Ob Du es annimmst: immer zeigt es Dir,
Daß Deine Brüder Dir's von Herzen gönnen,
Wenn Du noch irgend Freude finden kannst.

Giselher.
Ja, Schwester, das ist wahr. Auch gilt's so gut
Vom König, wie von uns. Hätt'st Du gehört,
Wie er den Tronjer schalt, als dieser sich
Dagegen stemmte, und wie unbekümmert
Um seinen Rath er that, was ihm gefiel,
Du würdest ihm von Herzen jetzt verzeih'n,
Wie Du ihm mit dem Munde längst verziehst.

Kriemhild.
So rieth der Tronjer ab?

Giselher.
Wohl rieth er ab.

Kriemhild.
Er fürchtet sich.

Ute.
Er thut es wirklich, Kind.

Gerenot.
Er glaubt, Du könntest Etzel, denn kein And'rer,
Als Etzel ist's, mit allen seinen Heunen
Auf die Burgunden hetzen.

Ute.
Denke Dir!

Kriemhild.
Er weiß, was er verdient.

Gerenot.
Doch weiß er nicht,
Daß er in unf'rer Mitte sicher ist,
Wie Einer von uns selbst!

Kriemhild.
Er mag sich wohl
Erinnern, wie es einem Besser'n ging,
Der auch in Eurer Mitte war.

Ute.
O Gott,
Hätt' ich's geahnt!

Gerenot.
Und wären wir nicht Alle
So jung gewesen!

Kriemhild.
Ja, Ihr war't zu jung,
Um mich zu schützen, aber alt genug,
Den Mörder zu beschirmen, als ihn Himmel
Und Erde zugleich verklagten.

Ute.
Sprich nicht so!
Du hast den Tronjer ganz wie sie geehrt
Und auch geliebt! Wenn dich als Kind im Traum
Das wilde Einhorn jagte oder auch
Der Vogel Greif erschreckte, war es nicht
Dein Vater, der das Ungethüm erlegte:
Du sprangst dem Ohm des Morgens an den Hals
Und danktest ihm für Thaten, die er selbst
Nicht kannte, durch den ersten Kuß.

Giselher.
Ja, ja!
Und wenn die alten Knechte uns im Stall
Vom Donn'rer Thor erzählten, daß wir glaubten,

Er dräue selbst beim falben Schein der Blitze
Durch's Bodenloch hinein, so sah er aus,
Wie Hagen, wenn er seine Lanze wirft.
Gerenot.
Laß, ich beschwör' Dich, was vergangen ist,
Doch endlich auch einmal vergessen sein.
Du hast genug geklagt um Deinen Helden,
Und hätt'st Du Dir im ersten Schmerz gelobt,
Jedweder seiner edlen Eigenschaften
Ein ganzes volles Thränenjahr zu widmen:
Du wärst herum und Deines Eides quitt.
Nun trockne Dir denn auch die Augen ab
Und brauche sie zum Sehen, statt zum Weinen,
Herr Etzel ist des ersten Blick's schon werth:
Den Todten kann Dir keiner wiedergeben,
Hier ist der Beste aller Lebenden.
Kriemhild.
Ihr wißt, ich will nur Eins noch auf der Welt
Und nimmer laß ich ab, es zu verlangen,
Als ich den letzten Odemzug gethan.

Sechste Scene.
(Gunther tritt ein.)
Gunther (zu den Brüdern).
Wie steht's?
Kriemhild (kniet vor ihm nieder).
Mein Herr, mein Bruder und mein König,
Ich bitte Dich in Demuth um Gehör.
Gunther.
Was soll das heißen?
Kriemhild.
Wenn Du wirklich heut,
Wie man mir sagte, Dich zum ersten Mal
Als Herrn erwiesen hast —
Gunther.
Zum ersten Mal!
Kriemhild.
Wenn Du die Krone und den Purpur nicht

Zum bloßen Staat mehr trägst, und Schwert und Scepter
Zum Spott —

Gunther.
Du redest scharf.

Kriemhild.
Das wollt' ich nicht!
Doch wenn's so ist, und wenn auf Deine Krönung
Die Thronbesteigung endlich folgen soll —

Gunther.
Nimm's immer an.

Kriemhild.
Dann ist ein großer Tag
Für die gekommen, welche schweres Unrecht
Erlitten haben und als Königin
Von Allen, welche Leid im Lande tragen,
Bin ich die Erste, die vor Dir erscheint
Und Klage über Hagen Tronje ruft.

Gunther (stampft).
Noch immer fort!

Kriemhild (erhebt sich langsam).
Der Rabe, der im Wald
Ten öden Platz umflattert, wo's geschah,
Hört nimmer auf zu kreisen und zu krächzen,
Bis er den Rächer aus dem Schlaf geweckt.
Wenn er das Blut der Unschuld fließen sah,
So findet er die Ruh' nicht eher wieder,
Bis das des Mörders auch geflossen ist.
Soll mich ein Thier beschämen, das nicht weiß,
Warum es schreit und dennoch lieber hungert,
Als seine Pflicht versäumt? Mein Herr und König,
Ich rufe Klage über Hagen Tronje
Und Klage werd' ich rufen bis zum Tod.

Gunther.
Das ist umsonst!

Kriemhild.
Entscheide nicht so rasch!
Wenn Du denn auch mit Deiner armen Schwester
Und ihrem Jammer schneller fertig wirst,
Wie sie in beff'rer Zeit mit Deiner Hand,

Als sie der wüth'ge Hirsch Dir aufgeschlitzt;
Wenn Du dem Schmerz, der ruhig sagen kann:
„Ist meines Gleichen irgend noch auf Erden,
So will ich lachen und mich selbst verspotten,
Und Alle segnen, die ich sonst verflucht!"
Wenn Du ihm kalt den kleinsten Trost verweigerst
Und ihn von hinnen schreckst mit finstern Brauen:
Erwäg' es doch und nimm Dein Wort zurück.
Ich bin's ja nicht allein, die Klage ruft,
Es ruft das ganze Land mit mir, das Kind
Braucht seinen ersten Odemzug dazu,
Der Greis den letzten, Bräutigam und Braut
Den köstlichsten, Du wirst es schaudernd seh'n,
Wenn's Dir gefällt, sie vor den Thron zu laden,
Daß jedes Alter, jeder Stand erscheint,
Denn, wie die brechend-schwere Donnerwolke,
Hängt diese Blutschuld über ihnen Allen
Und dräut mit jedem Augenblicke mehr.
Die schwangern Weiber zittern, zu gebären,
Weil sie nicht wissen, ob kein Ungeheuer
In ihrem Mutterschooß herangereist,
Und daß uns Sonn' und Mond noch immer leuchten,
Gilt Manchem schon als Wunder der Natur.
Wenn Du Dein königliches Amt versäumst,
So könnten sie zur Eigenhülfe greifen,
Wie's einst geschah, bevor's noch Kön'ge gab,
Und wenn sich Alle wild zusammen rotten,
So dürften sie, da Du nun einmal fürchtest,
Noch fürchterlicher als der Tronjer sein!

Gunther.
Sie mögen's thun.

Kriemhild.
             Du sprichst, als zeigt' ich Dir
Einen Rock mit trocknem Blut, als hättest Du
Den Helden nie geseh'n, in dessen Adern
Es kreis'te, seine Stimme nie gehört,
Noch seiner Hände warmen Druck gefühlt.
Kann das denn sein? So färbe du, o Erde,
Dich überall, wie dich der grause Mord
Bei den Burgunden färbte! Tauche dich

In dunkles Roth! Wirf's ab, das grüne Kleid
Der Hoffnung und der Freude! Mahne Alles,
Was lebt, an diese namenlose That,
Und bringe, da man mir die Sühne weigert,
Sie vor das ganze menschliche Geschlecht.
:::: Gunther.
Genug! Ich kam in einer Absicht her,
Die Dank verdient.
:::: (Zu Ute.)
:::: Hast Du mit ihr gesprochen?
:::: (Auf bejahendes Zeichen Ute's.)
Gut! Gut! — Ich will Dich nicht um Antwort fragen,
Der Bote mag sie selbst entgegennehmen,
Damit er sieht, daß Du Dich frei bestimmst.
Ich hoffe, Du gestattest ihm Gehör,
Es ist der alte Markgraf Rüdeger,
Die Sitte will es und er bittet d'rum.
:::: Kriemhild.
Der Markgraf Rüdeger ist mir willkommen.
:::: Gunther.
So send' ich ihn.
:::: (Zu Ute und den Brüdern.)
:::: Laßt Ihr sie auch allein!
:::: (Alle ab.)

Siebente Scene.

:::: Kriemhild.
Er fürchtet sich! Er fürchtet Hagen Tronje,
Und Hagen Tronje, hör' ich, fürchtet mich! —
Du könntest Grund erhalten! Mag die Welt
Mich Anfangs schmäh'n, sie soll mich wieder loben,
Wenn sie das Ende dieser Dinge sieht!

Achte Scene.

:::: (Rüdeger mit Gefolge tritt ein.)
:::: Kriemhild.
Seid mir willkommen, Markgraf Rüdeger! —

Doch sprecht, ist's wirklich wahr, was man mir meldet,
Ihr seid als Bote hier?
     Rüdeger.
      So ist's! Doch nur
Als Bote Etzel's, der kein einz'ges Scepter
In Königshänden unzerbrochen ließ,
Als das der Nibelungen.
     Kriemhild.
      Einerlei,
Ich bin darum nicht weniger erstaunt!
Ihr seid mir längst gerühmt. Ein Abenteuer
Und Rüdeger, der's Andern weggenommen,
Die wurden stets zugleich bei uns genannt,
Und wenn man Euch als Boten schicken kann,
So sollte man Euch doch so lange sparen,
Bis man um's Beste dieser Erde schickt.
     Rüdeger.
Das hat mein Herr und König auch gethan.
     Kriemhild.
Wie, Rüdeger, Du wirbst um eine Wittwe
Und suchst sie in der Mördergrube auf?
     Rüdeger.
Was sagst Du, Königin?
     Kriemhild.
      Die Schwalben fliegen
Von dannen und die frommen Störche kehren
In's hundertjähr'ge Nest nicht mehr zurück,
Doch König Etzel spricht als Freier ein.
     Rüdeger.
Unselig sind die Worte, die Du redest.
     Kriemhild.
Unsel'ger noch die Thaten, die ich sah! —
Verstell' Dich nicht! Du weißt, wie Siegfried starb,
Und hätt'st Du nur das Ammenlied behorcht,
Womit man jetzt am Rhein die Kinder schreckt.
     Rüdeger.
Und wenn ich's weiß?

Kriemhild.
          Herr Etzel ist noch Heide,
Nicht wahr?

Rüdeger.
     Wenn Du's verlangst, so wird er Christ!

Kriemhild.
Er bleibe, was er ist! — Ich will Dich nicht
Betrügen, Rüdeger, mein Herz ist todt,
Wie der, für den es schlug, doch meine Hand
Hat einen Preis.

Rüdeger.
          Ich biet' ein Königreich,
Das auf der Erde keine Grenzen hat.

Kriemhild.
Ein Königreich ist wenig oder viel,
Wie wird's bei Euch vertheilt? Dem Mann das Schwert,
Nicht wahr, die Krone und den Herrscherstab,
Dem Weib die Flitter, das gestickte Kleid?
Nein, nein, ich brauche mehr.

Rüdeger.
               Was es auch sei,
Es ist gewährt, noch eh Du's fordern kannst.

Kriemhild.
Herr Etzel wird mir keinen Dienst versagen?

Rüdeger.
Ich bürge Dir.

Kriemhild.
     Und Du?

Rüdeger.
          Was ich vermag,
Ist Dein bis auf den letzten Odemzug.

Kriemhild.
Herr Markgraf schwört mir das.

Rüdeger.
               Ich schwör' es Euch.

Kriemhild (für sich).
Sie kennen meinen Preis, ich bin's gewiß!
(Zu den Dienern.)
Die Könige!

Rüdeger.
So hab' ich denn Dein Wort?

Kriemhild.
Herr Etzel ist auch in Burgund bekannt,
Wer seinen Namen hört, der denkt zuerst
An Blut und Feuer, dann an einen Menschen,
Ja wohl, Du hast mein Wort! — Man sagt: die Krone
Muß ihm um's Angesicht zusammen schmelzen,
Der glüh'nde Degen aus den Händen tröpfeln,
Eh er im Stürmen inne hält! Das ist
Der Mann dafür, dem wird es Wollust sein!

Neunte Scene.

(Ute und die Könige treten ein.)

Kriemhild.
Ich hab's mir überlegt, und füg' mich Euch!
Herr Markgraf Rüdeger, reicht mir die Hand,
Ich fasse sie, als ob es Etzel's wäre,
Und bin von jetzt der Heunen Königin.

Rüdeger.
Ich huld'ge Euch!
(Er zieht nebst den Seinigen das Schwert dabei.)

Ute.
Und ich, ich segne Dich.

Kriemhild (weicht vor ihr zurück).
Laß! Laß! Dein Segen hat ja keine Kraft!
(Zu den Königen.)
Doch Ihr — Geleitet ihr mich selbst hinab,
Wie's König Dankrat's Tochter fordern darf,
Und wie's der Herr der Welt erwarten kann?

Gunther (schweigt).

Rüdeger.
Wie! Nein?

Kriemhild.
Ihr weigert mir mein Fürstenrecht?
(Zu Rüdeger.)
Herr Markgraf, fragt bei König Gunther an,
Wodurch ich es verwirkt.

Gunther.
Ich weig're Nichts,
Doch hab' ich Gründe, jetzt den Rhein zu hüten
Und bitte Euch, Herr Markgraf, meine Schwester
Dem Herrn, den sie gewählt, in meinem Namen
Zu übergeben und mich zu entschuld'gen,
Ich sehe später nach, wie er sie setzt.

Kriemhild.
Du giebst dein königliches Wort darauf?

Gunther.
Ich that es schon.

Rüdeger.
So übernehm' ich sie!

Kriemhild.
Nun noch ein letzter Gang zu Siegfried's Gruft!
Beredet Ihr indeß das Uebrige!
(Eckewart tritt hervor.)
Mein treuer Eckewart hat mich gewiegt,
Und ob auch alle Andern mich verlassen,
Er fehlt gewiß nicht hinter meinem Sarg.
(Ab.)

Zweiter Act.
Donau-Ufer.

Erste Scene.

Gunther, Volker, Dankwart, Rumolt und ein großes Gefolge.
Werbel und Swemmel vor dem König. Später wird das Schiff mit
Hagen, dem Kaplan ꝛc. sichtbar.

Werbel.
Nun gib uns endlich Urlaub, hoher König,
Sie brauchen uns zu Hause, denn sie wissen
Den Fiedelbogen höchstens von der Lanze
Zu unterscheiden, aber nicht zu führen,

Und die als steife Boten Abschied nehmen,
Wirst Du als flinke Geiger wieder seh'n,
Wenn Du den feierlichen Einzug hältst.

Gunther.
Ihr habt noch Zeit. Ich denke in Bechlarn
Beim alten Rüdeger die Rast zu halten,
Und so weit haben wir den gleichen Weg.

Werbel.
Wir kennen einen nähern und wir müssen
Uns sputen.

Gunther.
Nun so zieht.

Werbel.
Wir danken Dir.
(Will mit Swemmel ab.)

Rumolt.
Vergeßt Ihr die Geschenke? Wartet doch,
Bis sie herüber kommen.

Werbel
(kehrt mit Swemmel um.)
Das ist wahr!

Rumolt.
Schon naht das Schiff.

Volker.
Das find' ich wunderlich,
Erst schlagen sie die reichen Gaben aus,
Dann lassen sie sie liegen!
(Rasch zu Werbel.)
Ist Kriemhild
Noch immer traurig?

Werbel.
Sagten wir Euch nicht,
Daß sie so fröhlich scheint, als hätte sie
Den Kummer nie gekannt?

Volker.
Das sagtet Ihr.

Werbel.
Nun denn.

Volker.
Es muß ein Land der Wunder sein,
Wo Etzel herrscht. Wer weiße Rosen pflanzt,
Pflückt rothe, denk' ich, oder umgekehrt.

Werbel.
Warum?

Volker.
Weil sie sich so verändert hat.
Als fröhlich haben wir sie nie gekannt,
Sie war sogar als Kind nur still vergnügt
Und lachte mit den Augen.

Rumolt.
Hagen kommt
Mit seiner letzten Fracht.

Volker.
Worin denn zeigt
Sich ihre Fröhlichkeit?

Werbel.
Das seht Ihr ja:
Sie liebt die Feste und sie ladet Euch
Zum größten ein. Ihr fragt uns sonderbar!
Ist's nicht natürlich, daß sie Boten schickt,
Wenn Ihr nicht, wie Ihr doch versprochen habt,
Von selbst erscheint? So sehr sie uns're Frauen
An Majestät und Schönheit übertrifft,
So seltsam finden die's, und das mit Recht,
Daß ihr Geschlecht sich nicht um sie bekümmert,
Als wär' sie seine Schmach und nicht sein Stolz.
Wenn das nicht anders wird, so wird der Neid
Ihr noch die fürstliche Geburt bezweifeln,
Und darum mahnt sie Euch an Euer Wort.

Volker.
Ei nun, wir kommen um die Sonnenwende,
Und, wie Ihr seht,
(Deutet auf das Gefolge.)
mit unserm ganzen Staat!

Werbel.
Mit einem Heer, ja wohl. Auf so viel Gäste

Ist Etzel kaum gefaßt, d'rum müssen wir
Voran!
(Sie gehen zu dem Schiff, das eben anlegt, und verschwinden rasch.)
Volker.
Die reden falsch! Das ist gewiß!
Doch wahr ist's auch, daß Kriemhild wünschen muß,
Uns dort zu seh'n.
Rumolt.
Und thöricht wär's, zu glauben,
Daß sie den zweiten Mann beredet hätte,
Für ihren ersten Thron und Kopf zu wagen:
Das widerspricht sich selbst und ist zum Lachen,
Doch mag gescheh'n, was heimlich möglich ist!
Volker.
Und da wir uns're Augen für uns selbst
Nicht brauchen, denn was hätten wir zu fürchten,
So ist's, als ob der Tronjer tausend hätte,
Und die sind auch um Mitternacht genug.
Hagen
(der gleich bei der Ankunft des Schiffes herausgesprungen ist und dem Ausladen zugeschaut hat).
Ist alles hier?
Dankwart.
Bis auf den Priester dort!
(Deutet auf den Kaplan.)
Der packt sich erst sein Meßgeräth zusammen.
Hagen
(springt wieder in's Schiff und stürzt auf den Kaplan los).
Steh fest!
(Er stößt ihn über Bord.)
Da liegt er, wie ein junger Hund,
Und meine ganze Mannheit kehrt mir wieder!
Volker (ist ihm nachgesprungen).
Pfui, Hagen, pfui, das war kein Stück für Dich.
Hagen (heimlich).
Meerweiber traf ich, grün wie Schilf das Haar,
Und blau die Augen, die mir prophezeiten —
(Bricht ab.)

Was? Kannst Du schwimmen, trotz des lahmen Armes?
Die Ruderstange her!

    Volker (ergreift sie und hält sie fest).

     Hagen.
     Die Ruderstange!
Sonst spring' ich nach, gepanzert, wie ich bin!
    (Er nimmt sie und schlägt in's Wasser.)
Zu spät! Das ist ein Fisch! — So ist's denn wahr
Und nicht bloß Bosheit!

    Kaplan (ruft herüber).
     König, fahre wohl!
Ich geh' zurück!

     Hagen.
    Und ich —
   (Zieht sein Schwert und zertrümmert das Schiff.)

    Gunther.
     Bist Du von Sinnen,
Daß Du das Schiff zerschlägst?

    Hagen.
     Frau Ute hat
Zu schlecht geträumt, als daß Dir jeder Knecht
Zu Etzel's Gastgebot mit Freuden folgte,
Doch nun ist auch der letzte Dir gewiß.

    Gunther.
Und halt' ich Einen, den ein Traum erschreckt?

    Volker.
Das war es nicht. Was hast Du?

    Hagen.
     Tritt bei Seite,
Damit uns Keiner hört. Denn Dir allein
Will ich's vertrau'n.
    (Heimlich.)
    Meerweiber traf ich an,
Als ich vorhin, das Schiff zu suchen, ging,
Sie schwebten über einem alten Brunnen
Und glichen Vögeln, die im Nebel hüpfen,
Bald sichtbar, bald vom blauen Qualm verschluckt.
Ich schlich heran, da floh'n sie scheu von dannen,

Allein die Kleider riß ich ihnen ab,
Und schmeichelnd riefen sie, in ihre Locken
Sich wickelnd und in einer Lindenkrone
Sich bergend: Giebst Du uns den Raub zurück,
So wollen wir Dir prophezei'n, wir wissen,
Was Euch begegnen wird und melden's treu!
Ich ließ die Kleider hoch im Winde flattern
Und nickte, da begannen sie zu singen
Und nie vernahm ich noch ein schön'res Lied
Von Glück und Sieg und Allem, was man wünscht.
                Volker.
Das ist ein bess'res Zeichen, als Du denkst!
Wie das Insect von Sonnenschein und Regen,
So haben sie vom Schicksal Witterung!
Nur reden sie nicht gern, denn jedes Wort
Bezahlen sie mit einem Lebensjahr,
Und uralt werden sie, wie Sonn' und Mond
Am Himmel, doch unsterblich sind sie nicht.
                Hagen.
Um so verfluchter denn! Ich warf die Kleider
Mit Freuden wieder hin und stürzte fort.
Doch da erscholl ein Lachen hinter mir,
So widerwärtig und entsetzlich=häßlich,
Als käm's aus einem Sumpf von tausend Kröten
Und Unken und ich sah mich schaudernd um.
Was war's? Die Weiber abermals, doch nun
In scheußlicher Gestalt. Sie schnitten mir
Gesichter und in seltsam=schnalz'gem Ton,
Als spräche statt des Vogels jetzt der Fisch,
In dem ihr schlanker Leib sich end'gen soll,
Höhnten sie mich: Wir haben Dich betrogen,
Ihr Alle seht, wenn Ihr in's Heunenland
Hinunter zieht, den grünen Rhein nicht wieder,
Und nur der Mann, den Du am allermeisten
Verachtest, kommt zurück.
                Volker.
                        Doch nicht der Pfaff?
                Hagen.
Du siehst es ja. Ich rief zwar spöttisch d'rein:
„Das heißt: Die Fremde wird uns so gefallen,

Daß wir die Heimat über sie vergessen,"
Und lacht' und pfiff, und fragte nach dem Schiff.
Doch traf's mich wie ein Schlag und glaub's mir nur,
Es endet nimmer gut.
(Laut.)
Man wird's erfahren,
Daß man, wenn Hagen Tronje einmal warnt,
Auf Hagen Tronje hören darf.
Gunther.
Warum
Hört Hagen Tronje denn nicht selbst auf sich
Und bleibt zurück? Wir haben Muth genug,
Auch ohne ihn das grause Abenteuer
Zu wagen, das in einer Schwester Armen
Sein Ende finden wird, wenn uns nicht gar
Zuletzt ein Kuß von unser'm Schwäher droht.
Hagen.
Ho, ho! Ich bin wohl noch zu jung zum Sterben! —
Es ist mir nur um Dich und nicht um mich.
Dankwart (zu Hagen).
Was ist denn das für Blut?
Hagen.
Wo hätt' ich Blut?
Dankwart
(taucht den Finger hinein und zeigt es ihm).
Ei, von der Stirne träuft's Dir hell herunter,
Fühlst Du's nicht selbst?
Hagen.
So sitzt mein Helm nicht fest.
Gunther.
Nein, sprich, was ist's?
Hagen.
Ich trug den Donauzoll
Im Stillen für Dich ab, Du wirst nicht mehr
Gemahnt, der Mauthner hat sein Theil. Doch wußte
(Er nimmt den Helm ab.)
Ich selber nicht, daß ich so reichlich gab.
Gunther.
So hast Du doch den Fährmann —

Hagen.
                    Allerdings!
Ich seh's jetzt, Lügen haben kurze Beine:
Er grüßte mich mit seinem dicken Ruder,
Ich dankte ihm mit meinem scharfen Schwert.
          Gunther.
Gelfrat, den Riesen!
                    Hagen.
                    Ja, den Stolz der Baiern!
Er treibt im Fluß, verhauen, wie sein Schiff!
Doch unbesorgt. Ich trag' Euch auf dem Rücken
Hinüber, wenn Ihr hier zum zweiten Mal
Die Fähre sucht.
                    Gunther.
                    So braucht's nur fort zu geh'n,
Und Deine Rabenweisheit kommt zu Ehren —
          Hagen.
Das thut sie auch, wenn Ihr die Fiedel streicht!
So oder so, wir sind im Netz des Todes —
          Volker.
Gewiß! Doch ist das neu? Wir waren's stets.
          Hagen.
Das ist ein Wort, mein Volker, habe Dank.
Ja wohl, wir waren's stets, es ist nicht neu,
Und einen Vortheil haben wir voraus
Vor all den Andern, welche sterben müssen:
Wir kennen unser'n Feind und seh'n das Netz —
     Gunther (unterbricht ihn scharf und schroff).
Fort! Fort! Sonst läßt der Baiernherzog sich
Den todten Mauthner zahlen, wie die Mauth,
Und König Etzel kommt um seinen Spaß.
     (Ab mit den Seinigen bis auf Hagen und Volker.)
          Hagen.
Und bei den Namenlosen sei's geschworen:
Wer mich hinunter stößt, den reiß' ich nach.
          Volker.
Ich helf' dabei! Doch sagen muß ich Dir:
Bis diese Stunde hab' ich wie die Andern
Gedacht.

Hagen.
Ich auch. Doch weiß ich's selber erst,
So ist der Mensch, pfui über ihn und mich,
Seit ich die Weiber prophezeien hörte!
Volker.
Und jetzt noch möcht' ich zweifeln —
Hagen.
Nein, mein Volker,
Das wär' verkehrt. Die Probe ist gemacht.
Volker.
Doch ist auch Alles wahr, was Ute sagte:
Sie ist ein Weib, und müßte, um den Gatten
Zu rächen, ihre eig'nen Brüder tödten,
Und ihre alte Mutter mit!
Hagen.
Wie das?
Volker.
Die Kön'ge decken Dich und Ute deckt
Die Kön'ge wieder, oder trifft man sie
Nicht auch, wenn man die Söhne trifft?
Hagen.
Gewiß.
Volker.
Und wird ein Weib wohl einen Pfeil versenden,
Der, eh er Dir die Haut nur ritzen kann,
Durch alle diese Herzen gehen muß?
Hagen.
Komme, was kommen mag, ich bin bereit.
Volker.
Ich hab' uns Alle bluten seh'n im Traum,
Doch Jeder hatte seine Wunde hinten,
Wie sie der Mörder, nicht der Held, versetzt,
D'rum fürchte Nichts, als Mäusefallen, Freund!

(Beide ab.)

Zweite Scene.
Bechlarn.

(Empfangsaal. Götelinde von der einen Seite mit Gudrun, Rüdeger von der andern mit Dietrich und Hildebrant. Hinter ihnen Iring und Thüring.)

Götelinde.
Es freut' mich, edler Dieterich von Bern,
Euch in Bechlarn zu seh'n, nicht minder gern
Erblick' ich Euch, Herr Hildebrant. Ich habe
Nur eine Zunge und ich kann mit ihr
Zwei tapf're Recken nicht auf einmal grüßen,
Allein ich hab' zwei Hände, die dem Herzen,
Das Euch gleich stark entgegen schlägt, gleich willig
Gehorchen und
(Sie streckt ihre Hände aus.)
verbeff're so den Fehl.

Dietrich (während der Begrüßung).
Zu milde Worte für so alte Knochen!

Hildebrant.
Das find' ich nicht. Ich küß sie noch einmal,
(Er küßt auch Gudrun.)
Da sie nun einmal doppelt vor mir steht.

Dietrich.
Die Aehnlichkeit ist wirklich groß genug,
Um die Verwechslung zu entschuldigen.
(Er küßt Gudrun gleichfalls.)

Rüdeger.
Nur immer zu!

Dietrich.
   Ich und mein Waffenmeister,
Wir spielen heut: Wer ist der größte Narr?
Mit braunen Köpfen haben wir gerauft,
Mit weißen küssen wir!

Götelinde (zu Iring und Thüring).
   Euch, edle Herrn
Von Dänemark und Thüring, hab' ich schon

So oft geseh'n, daß ich Euch wohl als Freunde
Behandeln darf!
    Iring (während der Begrüßung).
         Herrn Dieterich gebührt
Der Rang auch ohne das. Wo er erscheint,
Tritt Alles gern zurück.
     Dietrich.
        Wenn wir uns so
Zusammen finden, wir, die Amelungen,
Und Ihr, die Ihr aus fernstem Norden stammt,
Ein Jeder mehr als hundert Mal gekerbt
In blut'gen Kämpfen, wie ein Eichenbaum,
Den sich der Jäger für die Axt bezeichnet,
Doch nie gefällt, wie der, so möcht' ich glauben,
Wir haben, ohne selbst darum zu wissen,
Das Kraut gepflückt, das vor dem Tode schützt.
     Iring.
Ein Wunder ist's.
     Thüring.
       Das Wunder ist nicht groß!
Einst saßen wir auf unf'ren eig'nen Thronen,
Jetzt sind wir hier, um für den Heunen=Fürsten
Die blut'gen Nibelungen zu begrüßen
Und tragen unser Diadem zum Spott.
Herr Etzel hat sich seinen stolzen Hof
Aus Königen gebildet und er sollte
Für sich auf einen neuen Namen sinnen,
Bei dem man gleich an dreißig Kronen denkt:
Wir aber hätten wohlgethan, das Zepter
Mit einem Bettelstabe zu vertauschen,
Der Stock, das schnöde Mittelding, entehrt.
     Dietrich.
Auch ich bin unter Euch und kam von selbst.
     Thüring.
Ja wohl, doch Keiner ahnt, warum, und Etzel,
Das glaube nur, ist so erstaunt, wie wir.
Wärst Du von meinem Holz, so würd' ich glauben,
Du hätt'st Dich eingefunden, um den Löwen
Zu spielen und ihn selber zu verschlingen,

Nachdem er Bär und Wolf im Magen hat.
Doch dieß liegt Deinem Wesen fern, ich weiß,
Und da Du ganz aus freien Stücken thust,
Was wir aus Klugheit und aus halbem Zwang,
So mußt Du wunderbare Gründe haben,
Die unser plumper Kopf nicht fassen kann.

Dietrich.
Ich habe Gründe, und der Tag ist nah',
Wo Ihr sie kennen lernt.

Iring.
Ich brenne d'rauf,
Sie zu erfahren, denn daß Du Dich beugst,
Wo Du gebieten könntest, ist so seltsam,
Daß es, ich sag' es frei, an Schande grenzt,
Besonders dieser Weg.

Thüring.
Das mein' ich auch!

Rüdeger.
Vergeßt nicht Etzel's Sinn und edle Art!
Ich würd' ihm willig dienen, wenn ich auch
So frei wie Dietrich wäre, denn er ist
Uns gleich an Adel, doch wir hatten's leicht,
Wir erbten's mit dem Blut von unser'n Müttern,
Er aber nahm es aus der eig'nen Brust!

Thüring.
So fühl' ich nicht, ich folge, weil ich muß,
Doch wäre ich, wie der —

Iring.
Ich tröste mich
Mit unsern Göttern, denn derselbe Sturm,
Der uns die Kronen raubte, hat auch sie
Gestürzt und wenn's mich auch einmal verdrießt,
Daß dieser
(Er faßt an sein Diadem.)
Reif nicht länger blitzt, wie sonst,
So tret' ich rasch in Wodan's Eichenhain,
Und denk' an den, der mehr verloren hat!

Dietrich.
So machst Du's recht! — Das große Rad der Welt

Wird umgehängt, vielleicht gar ausgetauscht,
Und Keiner weiß, was kommen soll.

Rüdeger.
Wie das?

Dietrich.
Ich saß einst eine Nacht am Nixenbrunnen
Und wußte selbst nicht, wo ich war. Da hab' ich
Gar viel erlauscht.

Rüdeger.
Was denn?

Dietrich.
Wer sagt's Dir an?
Du hörst ein Wort und kannst es nicht versteh'n,
Du siehst ein Bild und weißt es nicht zu deuten,
Und erst, wenn was geschieht, besinnst Du Dich,
Daß Dir's die Norne schon vor Jahr und Tag
In Schattentänzen vorgegaukelt hat!

(Trompeten.)

Iring.
Die Helden nah'n!

Thüring.
Die Mörder!

Rüdeger.
Davon still!

Dietrich.
So blieb ein Räthsel mir im Ohre hängen,
Das lautete: Der Riese soll den Riesen
Nicht fürchten, nur den Zwerg! Hätt'st Du's gelös't?
Seit Siegfried's Tod versteh' ich's nur zu wohl.

Götelinde (am Fenster. Die Trompeten ganz nahe).
Da sind sie.

Gudrun.
Welche muß ich küssen, Mutter?

Götelinde.
Die Kön'ge und den Tronjer!

Rüdeger (zu den Recken).
Kommt denn, kommt!

Dietrich.
Ihr, um zu grüßen, um zu warnen ich.
Rüdeger.
Wie?
Dietrich.
Ja! Wenn sie auf meine Winke achten,
So trinken sie mit Dir und kehren um!
(Im Abgehen.)
Halt' Feuer und Schwefel auseinander, Freund,
Denn löschen kannst Du nicht, wenn's einmal brennt.
(Alle ab.)

Dritte Scene.

Götelinde.
Tritt her zu mir, Gudrun, was zögerst Du?
So edlen Gästen dürfen wir uns nicht
Gleichgültig zeigen.
Gudrun (tritt gleichfalls an's Fenster).
Mutter, sieh' doch den,
Den Blassen, mit den hohlen Todtenaugen,
Der hat's gewiß gethan.
Götelinde.
Was denn gethan?
Gudrun.
Die arme Königin! Sie war doch gar
Nicht lustig auf der Hochzeit.
Götelinde.
Was verstehst
Denn Du davon? Du bist ja eingeschlafen,
Bevor sie's werden konnte.
Gudrun.
Eingeschlafen!
Ich schlief in Wien nicht einmal ein, so jung
Ich damals auch noch war! — So saß sie da,
Den Kopf gestützt, als dächte sie an Alles,
Nur nicht an uns, und wenn Herr Etzel sie
Berührte, zuckte sie, wie ich wohl zucke,
Wenn eine Schlange uns zu nahe kommt.

Götelinde.

Pfui, pfui, Gudrun!

Gudrun.
Du kannst mir's sicher glauben,
Ihr habt's nur nicht bemerkt. Du lobst mein Auge
Doch sonst —

Götelinde.
Wenn's Nadeln aufzuheben giebt.

Gudrun.
Der Vater nennt mich seinen Hauskalender —

Götelinde.
Es soll nicht mehr gescheh'n, Du wirst zu keck.

Gudrun.
So war sie lustig?

Götelinde.
Wie's der Wittwe ziemt
Nichts mehr davon!
(Sie tritt vom Fenster zurück).

Gudrun.
Es fiel mir ja nur ein,
Als ich —
(Schreit auf.)
Da ist er!

Vierte Scene.

(Rüdeger tritt mit seinen Gästen und den Nibelungen ein. Giselher
folgt später und hält sich abseits.)

Hagen.
Wir erschrecken hier?
(Allgemeine Begrüßung.)

Hagen (zu Gudrun).
Man hat mich wohl verleumdet und verbreitet,
Daß ich nicht küssen kann? Hier der Beweis.
(Er küßt sie, dann zu Götelinde.)
Verzeiht mir, edle Frau! Ich war besorgt
Für meinen Ruf und mußte eilig zeigen,
Daß ich kein Lindwurm bin. Doch wär' ich's auch,
So hätt' ein Kuß von diesem Rosenmund

Mich so gewiß zum Schäfer umgewandelt,
Als es im schönsten Märchen je geschah.
Was soll ich? Veilchen suchen? Lämmer fangen?
Ich wette um den zweiten Kuß mit Dir:
Die Blumen sollen nicht ein Blatt verlieren,
Die Lämmer nicht ein Haar! Sprich, gehst Du's ein?
     Rüdeger.
Zum Imbiß jetzt! Im Grünen ist gedeckt.
     Hagen.
Erst laß uns Deine Waffen doch beseh'n!
    (Tritt vor einen Schild.)
Das ist ein Schild! Den Meister möcht' ich kennen,
Der ihn geschmiedet hat. Doch hast Du selbst ihn
Gewiß nicht aus der ersten Hand.
     Rüdeger.
        Versuch's,
Ob Du erräthst, wer ihn vor mir besaß.
   Hagen (nimmt den Schild von der Wand).
Ei, der ist schwer, Nur Wen'ge geh'n herum,
Die solch ein Erbstück nicht verschmähen müßten.
     Götelinde.
Hörst Du, Gudrun?
     Hagen.
     Du kannst ihn liegen lassen,
Wie einen Mühlenstein, wo's Dir gefällt,
Er schützt sich selbst.
     Götelinde.
   Habt Dank für dieses Wort.
     Hagen.
Wie, edle Frau?
     Götelinde.
    Habt Dank, habt tausend Dank,
Es war mein Vater Nudung, der ihn trug.
     Volker.
Dann hatt' er Recht, als er Euch schwören ließ,
Euch keinem andern Recken zu vermählen,
Als dem, der seine Waffen brauchen könne,
Man denkt zum Schild sich leicht das Schwert hinzu.

Hagen.
Das hab' ich nie gehört. Was solch ein Fiedler
Doch Alles weiß!

Rüdeger.
Es war so, wie er sagt.

Hagen (will den Schild wieder aufhängen).
Nun, ich beklage seinen Tod von Herzen,
Ich hätt' — verzeiht — ihn selbst erschlagen mögen,
Es muß ein troß'ger Held gewesen sein.

Götelinde.
Laßt ihn nur steh'n.

Hagen.
Das thut kein Knecht für mich.

Rüdeger.
Schon gut. Wir wissen jetzt, was Dir gefällt!

Hagen.
Meinst Du? Zum Balmung würd' er freilich passen,
Den mir der wack're Siegfried hinterließ,
Und daß ich Waffen sammle, läugn' ich nicht.

Rüdeger.
Nur nimmst Du keine aus der ersten Hand.

Hagen.
Ich liebe die erprobten, das ist wahr!
(Alle ab.)

Fünfte Scene.

Volker (hält Giselher zurück).
Mein Giselher, ich muß Dir was vertrau'n.

Giselher.
Du mir?

Volker.
Auch bitt' ich Dich um Deinen Rath.

Giselher.
Wir ritten fast die ganze Zeit zusammen,
Und jetzt auf einmal? Nun, so faß' Dich kurz!

Volker.
Sahst Du das Mägdlein? Doch, was frag' ich noch,
Sie hielt ja keinen Becher in der Hand.

Giselher.
Sprich nicht so dumm, ich hab' sie wohl geseh'n.

Volker.
Du hast ja aber doch den Kuß verschmäht,
Den sie Dir schuldig war —

Giselher.
Was höhnst Du mich?

Volker.
Ich muß Dich prüfen, eh' ich's glauben kann,
Denn das vom Becher ist Dein eig'nes Wort.
Wie alt erscheint sie Dir?

Giselher.
Nun laß mich aus!

Volker.
Du hast noch Zeit. Führt sie den Mädchentitel
Schon unbestritten?

Giselher.
Kümmert's Dich?

Volker.
Ja wohl:
Ich möcht' hier werben und ich muß doch wissen,
Daß sie den Bräutigam nicht stehen läßt,
Wenn sie zum Blindekuh gerufen wird.

Giselher.
Du willst hier werben? Du?

Volker.
Nicht für mich selbst!
Mein Helm ist, trotz der Beulen, die er hat,
Noch blank genug, mir mein Gesicht zu zeigen,
O nein, für Gerenot.

Giselher.
Für Gerenot?

Volker.
Nun frag' ich Dich im Ernst: ist's Euch genehm?
Dann thu' ich's gern! hab' ich's doch selbst geseh'n,
Daß ihn's durchfuhr, als ob der Blitz ihn träfe,
Wie er dieß Kind am Fenster stehen sah.

Giselher.
Ihn? er hat nicht einmal hinauf geschaut! —
Das war ja ich.
Volker.
Das wärest Du gewesen?
Sprachst Du denn auch zu mir?
Giselher.
Das glaub' ich nicht,
Doch dafür sprech' ich jetzt. Ihr habt ja immer
Gedrängt, ich sollte frei'n, und Gerenot
Am allermeisten — nun, es wird gescheh'n!
Volker.
Auf einmal?
Giselher.
Wenn sie will. Ich hab' den Kuß
Der Höflichkeit verschmäht —
Volker.
Ist's wirklich so?
Giselher.
Verpaßt, wenn's Dir gefällt, wie meinen Theil
Vom großen Kuchen, doch es ist mir gleich,
Einen andern oder keinen!
(Rasch ab.)

Sechste Scene.

Volker.
Ei, das kommt
Wie's Fieber! Aber ganz zur rechten Zeit,
D'rum blies ich auch hinein mit vollen Backen,
Denn, wenn wir uns mit Rüdeger verschwähern,
Ist Etzel's redlichster Vasall uns Freund.
(Ab.)

Siebente Scene.

Garten.

(Rüdeger und seine Gäste. Bankett im Hintergrunde.)

Hagen.
Hast Du ihr im Geheimen Nichts gelobt?
Rüdeger.
Hätt' ich's gethan, so müßt' ich's wohl verschweigen.

Hagen.
Ich glaub' es doch. Der Umsprung war zu rasch!
Erst war sie durch die Werbung tief gekränkt,
Dann war's ihr plötzlich recht.
Rüdeger.
                    Und wenn es wäre:
Kann sie verlangen, was man weigern muß?
Hagen.
Wer weiß! Doch mir ist's gleich!
Rüdeger.
                        Ich kenne das!
Wohl mag ein Weib, das schwer beleidigt ist,
Auf Rache sinnen und in blut'gen Plänen
Uns Alle überbieten: kommt der Tag,
Wo sich ein Arm für sie erheben will,
So hält sie selbst mit Zittern ihn zurück
Und ruft: Noch nicht!
Hagen.
            Kann sein! — Wo bleibst Du, Volker?

Achte Scene.
(Volker tritt auf.)
Volker.
Ich hatte Krankendienst! — Die Luft bei Euch
Ist nicht gesund. Hier brechen Fieber aus,
Die über zwanzig Jahre ruhig schliefen,
Und das so heftig, wie ich's nie geseh'n.
Rüdeger.
Wo ist Dein Kranker denn?
Volker.
            Da kommt er just!

Neunte Scene.
(Giselher tritt auf.)
Rüdeger.
Zu Tisch! Dort lösen wir dieß Räthsel auf,
Wenn wir die Nüsse und die Mandeln knacken.

Giselher.
Mein edler Markgraf, erst erlaubt ein Wort.

Rüdeger.
So viel der Küchenmeister noch gestattet,
Nicht mehr, noch weniger.

Giselher.
        Ich bitte Euch
Um Eurer Tochter Hand.

Gerenot.
      Ei, Giselher.

Giselher.
Ist's Dir nicht recht? Sprich auch! Und laß uns schwören:
Wie uns das Loos auch fällt, wir grollen nicht!
Du lachst? Du sprachst wohl schon und hast Dein Ja?
Nun wohl, ich halt' auch dann, was ich gelobt,
Doch nehm' ich nie ein Weib!

Gerenot.
          Was fällt Dir ein!

Rüdeger (winkt Frau und Tochter).
Tritt her, Gudrun!

Hagen (schlägt Giselher auf die Schulter).
        Du bist ein braver Schmied! —
Das wird ein Ring! — Ich leg' mein Fürwort ein!

Gunther.
Das thu' auch ich. Es wird mich hoch erfreu'n,
Wenn ich auf diese reine Jungfraunstirn
Die Krone setzen darf.

Giselher (zu Gudrun).
Und Du?

Gotelinde (da Gudrun schweigt).
        O weh!
So wißt Ihr's nicht schon längst durch das Gerücht?
Mein Kind ist taub und stumm.

Rüdeger.
        Ich geb' Euch gern
Euer Wort zurück.

Giselher.
Ich hab's noch nicht verlangt,
Sie wäre ohne das zu gut für mich.
Hagen.
Recht, hämm're tüchtig zu! Denn solch ein Ring
Paßt ganz in unf're Kette.
(Zu Volker.)
Wenn sie's wagt,
So soll sie zehn Mal blut'ger sein, wie ich!
Giselher.
Gudrun — Ach ich vergesse! Lehrt mich rasch
Die Zeichen, die Ihr braucht, mit ihr zu reden,
Und dieß Mal fragt für mich.
Gudrun
Ei, glaub's doch nicht,
Ich schämte mich ja nur.
Volker.
Du liebes Kind!
Auf Deinen Lippen muß ein Zauber wohnen,
Wer sich beim ersten Kuß was wünscht, der hat's.
Giselher.
So sprich!
Gudrun.
Mein Vater sprach ja auch noch nicht.
Hagen (zu Rüdeger).
Da hast Du Vollmacht! Siegle! Denn Dein Koch
Wird ungeduldig.
Rüdeger (gegen Gunther).
Braucht es meiner noch?
Muß ich die Rolle jenes Narren spielen,
Dem eine Krone auf den Scheitel fiel,
Und der gen Himmel rief: Ich nehm' sie an?
Es sei und also sag' ich Ja!
(Zu Hagen.)
Nun weißt Du,
Wie tief ich gegen Euch verschworen bin.
Hagen.
So gebt Euch denn die Hände! Brav! Der Ring
Ist fertig! Keinen Schlag mehr, Schmied! Die Hochzeit
Erst bei der Wiederkehr!

Giselher.
Warum?
Gotelinde.
Ei wohl!
Rüdeger.
Ich harrte sieben Jahr.
Hagen.
Doch darfst Du nicht
Zurückgewiesen werden, wenn Dir auch
Ein Paar von Deinen Gliedern fehlen sollten.
(Zu Gudrun.)
Ich steh' dafür, er kommt nicht ohne Kopf.
Rüdeger.
Das geh'n wir ein. Es gilt ja nur ein Fest.
Dietrich (tritt plötzlich hinzu).
Wer weiß! Frau Kriemhild weint noch Tag und Nacht.
Hagen.
Und Etzel duldet's? Pah! Da schellt der Koch.
Dietrich.
Ich bin gekommen, um Euch das zu sagen,
Es ist gescheh'n, nun achtet's, wie Ihr wollt.
(Geht mit Rüdeger zum Bankett.)

Zehnte Scene.

Hagen.
Hört Ihr's? Das sprach Herr Dieterich von Bern.
Dietrich (kehrt wieder um).
Seid auf der Hut, Ihr stolzen Nibelungen,
Und wähnt nicht, daß ein Jeder, der die Zunge
Jetzt für Euch braucht, den Arm auch brauchen darf.
(Folgt Rüdeger.)

Elfte Scene.

Volker.
Das sprach ein König, der gewiß zuletzt
Auf Erden Argwohn schöpft.
Hagen.
Sie kennen ihn.

Volker.
Und weise Nixen, die dem Zauberborn
Entstiegen —
Hagen.
Willst Du schwatzen?
Gunther.
Nun, was ist's?
Hagen.
Sie meinten, gute Panzer thäten noth —
Volker.
Und nützten doch zu Nichts.
Gunther.
Was thut's? Die Hülfe
Ist bei der Hand.
Hagen.
Wie das?
Gunther.
Du gehst zurück!
Hagen.
Zurück?
Gunther.
Ja wohl! Du meldest meiner Mutter,
Was hier geschah, damit sie Betten stopft,
Und freu'st Dich, daß Du uns gerettet hast.
Denn die Gefahr, vor der Du ewig warn'st,
Ist nur für Dich und nicht für uns vorhanden,
Wir sind gedeckt, sobald Du selbst nur willst,
Und Deinen Auftrag hast Du! Kehr' denn um!
Hagen.
Gebeutst Du's mir?
Gunther.
Wenn ich gebieten wollte,
So hätt ich's schon zu Worms am Rhein gethan!
Hagen.
Dann ist's ein Dienst, den ich Dir weigern muß.
Gunther.
Siehst Du? Es ist Dir nicht allein um mich!
Du willst nicht fehlen, wo man spotten könnte:

Wo bleibt er denn? Er fürchtet sich doch nicht?
Nun, was Dich treibt, das treibt auch mich! Ich will
Nicht warten, bis der Hennenkönig mir
Ein Spinnrad schickt. Ja, wenn die Norne selbst
Mit aufgehob'nem Finger mich bedräute,
Ich wiche keinen Schritt zurück! Und Du
Bist unser Tod, wenn's drunten wirklich steht,
Wie Du's uns prophezeist. Doch —
    (Er schlägt Hagen auf die Schulter.)
                                    Komm nur, Tod!
    (Folgen den Andern.)

Dritter Act.

Hennenland. König Etzel's Burg. Empfangssaal.

Erste Scene.

(Kriemhild, Werbel, Swemmel.)

Kriemhild.
So wagt er's ungeladen? Hagen Tronje,
Ich kannte Dich!

Werbel.
    Er zieht voran und führt.

Kriemhild.
Greift gleich nach ihren Waffen, wenn sie kommen,
Ihr wißt, mit List.

Werbel.
    Es liegt uns selbst daran.

Kriemhild.
Habt Ihr denn auch noch Muth, wenn Ihr sie kennt?

Werbel.
Dem Hornißschwarm erlag schon mancher Leu! —
Weiß Etzel etwas?

Kriemhild.
    Nein! — und doch wohl: Ja.

Werbel.
Es ist nur —
Kriemhild.
Was?
Werbel.
Auch in der Wüste ehren
Wir einen Gast.
Kriemhild.
Ist Gast, wen Keiner lud?
Werbel.
Bei uns sogar der Feind.
Kriemhild.
Vielleicht ist Alles
Nicht nöthig. Hier wird König Gunther frei,
Und wenn sich in Burgund der Henker findet,
So brauche ich die Heun'schen Rächer nicht.
Werbel.
Doch Königin —
Kriemhild.
Euch halte ich auch dann,
Was ich Euch schwur. Der Nibelungen Hort
Ist Euer, wenn Er liegt. Ich frage nicht,
Durch wen er fiel!
Werbel.
Auch wenn wir Nichts gethan?
Trotz Etzel's Zorn, Dein bis zum Tod dafür!
Kriemhild.
Habt Ihr die Königin Burgund's geseh'n?
Werbel.
Die sieht kein Mensch.
Kriemhild.
Auch nicht von ihr gehört?
Werbel.
Die wunderlichsten Reden gehen um.
Kriemhild.
Was denn für Reden?

Werbel.
Nun, es wird geflüstert,
Daß sie in einem Grabe haus't.

Kriemhild.
Und doch
Nicht todt?

Werbel.
Sie hat es gleich nach Dir bezogen,
Fort in der Nacht, nach Wochen erst entdeckt,
Und nicht mehr weg zu bringen.

Kriemhild.
Sie — Brunhild —
In Siegfried's heil'ger Ruhestatt?

Werbel.
So ist's.

Kriemhild.
Vampyr.

Werbel.
Am Sarge lauernd.

Kriemhild.
Teufelskünste
Im Sinn.

Werbel.
Kann sein. Allein im Auge Thränen,
Und mit den Nägeln bald ihr Angesicht
Zerkratzend, bald das Holz.

Kriemhild.
Da seht Ihr's selbst!

Werbel.
Der König gab Befehl, sie einzumauern,
Doch eilig setzte ihre graue Amme
Sich in die Thür.

Kriemhild.
Dich treib' ich wieder aus! —
(Nach langer Pause.)
Und meine Mutter schickt mir diese Locke
Und fügte nicht ein einz'ges Wort hinzu?

Werbel.

So ist's.

Kriemhild.

Sie soll mich mahnen, denk' ich mir,
Daß ich die Brüder nicht zu lange halte.

Werbel.

Es mag wohl sein.

Kriemhild.

Sie ist so weiß wie Schnee.

Werbel.

Doch hätte sie gewiß nicht d'ran gedacht,
Wenn sie ihr Traum nicht so geängstigt hätte,
Denn sie betrieb die Reise selbst mit Fleiß.

Kriemhild.

Was für ein Traum?

Werbel.

Sie sah die Nacht, bevor
Wir ziehen sollten, alle Vögel todt
Vom Himmel fallen.

Kriemhild.

Welch ein Zeichen!

Werbel.

Nicht?
Die Kinder scharrten sie mit ihren Füßen
Zusammen, wie im Herbst die dürren Blätter —

Kriemhild.

Und ihre Träume gehen immer aus! —
Das ist ein Pfand!

Werbel.

Du jubelst? Sie erschrack
Und schnitt, als wir zu Pferde steigen wollten,
Vom greisen Haupt die Locke sich herunter,
Und gab sie mir, wie einen Brief, für Dich.

Kriemhild.

Nun richtet Euch!

Werbel.

Das Netz ist schon gestellt.
(Werbel und Swemmel ab.)

Zweite Scene.

Kriemhild (die Locke erhebend).
Ich kann Dich wohl versteh'n! Doch fürchte Nichts!
Mir ist's nur um den Geier, Deine Falken
Sind sicher bis auf ihre letzte Feder,
Es wäre denn — Doch nein, sie hassen sich!

Dritte Scene.

Etzel (tritt mit Gefolge ein).
Nun wirst Du doch mit mir zufrieden sein?
Und wenn Du's noch nicht bist, so wirst Du's werden,
Bevor ich Dich verlasse. Sag' nur an,
Wie ich die Deinigen begrüßen soll.

Kriemhild.
Mein König —

Etzel.
Stocke nicht! Bedinge Dir's,
Wie's Dir gefällt! Ich ging bis an das Thor,
Als ich den alten Dieterich von Bern
Zuerst empfing, und trug ein Diadem.
Dies war bis jetzt mein Höchstes, aber heut
Bin ich zu mehr bereit, damit sie seh'n,
Daß auch der Heune Dich zu schätzen weiß.
Bis an die fernsten Marken meines Reich's
Hab' ich die Könige voraus gesandt,
Die mehr aus Wahl mir dienen, als aus Zwang,
Und Freudenfeuer, die von Berg zu Berg
Entzündet werden, flammen ihnen zu,
Daß sie an Etzels Hof willkommen sind,
Und uns, auf welcher Straße sie sich nah'n.
Soll ich nun auch noch Kronenprobe halten
Und meinen Purpur einmal wieder lüften,
So sprich's nur aus und kehr' Dich nicht daran,
Daß mich ein Zentner Eisen nicht so drückt,
Wie eine Unze Gold. Ich wähle mir
Die leichteste, und wenn Du danken willst,
So kannst Du sie mit einem rothen Band

Mir für das Fest der Sonnenwende merken,
Damit ich sie sogleich zu finden weiß.
Kriemhild.
Mein Herr und mein Gemahl, das wär' zu viel.
Etzel.
Zu viel vielleicht für sie, doch nicht für Dich!
Denn Du erfülltest mir den letzten Wunsch,
Der mir auf Erden noch geblieben war,
Du schenktest mir den Erben für mein Reich,
Und was ich Dir im ersten Vaterrausch
Gelobte, halt' ich auch: Du kannst nicht fordern,
Was ich versagte, seit ein Sohn mir lebt.
Und wenn Du nichts für Dich verlangen magst,
So laß' mich's an den Deinigen beweisen,
Daß es mir Ernst mit dieser Rede ist.
Kriemhild.
Vergönne denn, daß ich sie nach Verdienst
Und Würdigkeit empfange und behandle,
Ich weiß am besten, was sich für sie schickt,
Und sei gewiß, daß Jeder das erhält,
Was ihm gebührt, wie seltsam ich das Fest
Auch richten und die Stühle setzen mag.
Etzel.
So sei's! Ich lud ja nur auf Deinen Wunsch,
Denn Vettern, die mich sieben Jahr verschmäh'n,
Kann ich im achten, wie sie mich entbehren,
D'rum ordne Alles, wie es Dir gefällt.
Wenn Du mein halbes Reich verschwenden willst,
So steht's Dir frei, Du bist die Königin,
Und wenn Du Deine Kuchen lieber sparst,
So ist's mir recht, Du bist des Hauses Frau!
Kriemhild.
Mein Herr und König, edel bist Du stets
Mit mir verfahren, doch am edelsten
In dieser Stunde. Habe Dank dafür.
Etzel.
Um Ein's nur bitt' ich: Laß mich Deiner Huld
Den alten Dieterich von Bern empfehlen,
Wenn Du ihn ehrst, so thust Du, was mich freut.

Kriemhild.
Es soll gescheh'n, und das von Herzen gern.
Etzel.
Die Herr'n von Thüring und von Dänemark
Schick' ich hinab, die Gäste zu begrüßen,
Doch Dietrich zog aus freien Stücken mit.
Kriemhild.
Er wird sie kennen!
Etzel.
Nein, er kennt sie nicht.
Kriemhild.
Sie ehren oder fürchten!
Etzel.
Auch nicht! Nein!
Kriemhild.
Dann ist es viel!
Etzel.
Weit mehr noch als Du glaubst.
Denn sieh: Es sind drei Freie auf der Welt,
Drei Starke, welche die Natur, wie's heißt,
Nicht schaffen konnte, ohne Mensch und Thier
Vorher zu schwächen und um eine Stufe
Herab zu setzen —
Kriemhild.
Drei?
Etzel.
Der Erste ist —
Vergieb! Er war! Der Zweite bin ich selbst,
Der Dritte und der Mächtigste ist Er!
Kriemhild.
Dietrich von Bern!
Etzel.
Er hält es gern geheim
Und rührt sich nur, wie sich die Erde rührt,
Wenn er nicht anders kann, doch sah ich's selbst.
Du kennst die Hennen: tapfer, wie sie sind,
Muß ich den Uebermuth gewähren lassen,
Der sie erfüllt vom Wirbel bis zur Zeh'!

Wer's Handwerk kennt, der weiß, daß der Soldat
Im Feld nur darum unbedingt gehorcht,
Weil er im Stall zuweilen trotzen darf,
Und willig läßt er ihm das kleine Recht,
Die Feder so, die Spange so zu tragen,
Das er mit seinem Blut so theuer zahlt.
D'rum kann ich auch die edlen Könige
Nicht so vor aller Ungebühr bewahren,
Wie ich's wohl möchte, auch mein letzter Knecht
Will seinen Theil von Etzel's Macht und Ruhm,
Die er als allgemeines Gut betrachtet,
Und zeigt's, indem er pfeift, wenn And're beten,
Und schnalzt, wenn er sie höflich grüßen sieht.
So wagte Einer hinter Dietrich's Rücken
Denn auch ein freches Wort, und das den Tag
An dem er kam, er sah sich schweigend um
Und schritt zu einer Eiche, riß sie aus
Und legte sie dem Spötter auf den Rücken,
Der knickte unter ihrer Last zusammen,
Und Alles schrie: Der Berner lebe hoch!

Kriemhild.
Das ahnt' ich nicht!

Etzel.
Er schwört sein Lob so ab,
Wie And're ihre Schande und er würde
Die Thaten gern verschenken, wie die Beute,
Wenn sich nur Nehmer fänden. Doch so ist's!

Kriemhild.
Und dennoch? — Ueber allem Menschenkind,
Und Dein Vasall?

Etzel.
Ich selbst erschrak, als er
Mit abgelegter Krone vor mich trat,
Und seinen Degen senkte. Was ihn trieb,
Das weiß ich nicht, allein er dient mir treuer,
Wie Viele, die ich überwand im Feld,
Und schon an sieben Jahr! Ich hätt' ihn gern
Mit meinen reichsten Lehen ausgestattet,
Doch nahm er Nichts, als einen Maierhof,

Und auch von diesem schenkt er Alles weg,
Bis auf ein Osterei, das er verzehrt.

     Kriemhild.

Seltsam!

     Etzel.

   Erräthst auch Du ihn nicht? Er ist
Ja Christ, wie Du, und Eure Bräuche sind
Uns fremd und unverständlich. Kriecht doch Mancher
Von Euch in Höhlen und verhungert da,
Wenn ihm kein Rabe Speise bringt, erklettert
In heißer Wüste schroffe Felsenklippen
Und horstet d'rauf, bis ihn der Wirbelwind
Herunter schleudert —

     Kriemhild.

    Heilige und Büßer,
Doch Dietrich trägt ein Schwert.

     Etzel.

      Gleichviel! Gleichviel! —
Ich möcht' ihm endlich danken und mir fehlt
Die Gabe, die er nimmt. Thu' Du's für mich!
Du bist uns noch das erste Lächeln schuldig:
Schenk's ihm.

     Kriemhild.
   Du sollst mit mir zufrieden sein!

Vierte Scene.

(Werbel und Swemmel treten auf.)

     Werbel.

Mein Fürst, es flammt schon von den nächsten Bergen!
Die Nibelungen nah'n!

     Etzel (will hinunter).

     Kriemhild (hält ihn zurück).
     Ich geh' hinab
Und führ' sie in den Saal. Du aber bleibst
Und wartest ihrer, mag die Treppe ihnen

Auch länger werden, als der ganze Weg
Vom Rhein bis in die Heunenburg.

    Etzel.
         Es sei.
Sie hatten auch ja Zeit. Ich will derweil
Die Helden durch das Fenster mir betrachten:
Komm', Swemmel, zeig' mir einen Jeden an.
    (Ab. Swemmel folgt.)

Fünfte Scene.

    Kriemhild.
Nun hab' ich Vollmacht — Sie ist weit genug!
Er braucht mir nicht zu helfen, ich vollbringe
Es schon allein, wenn er mich nur nicht hindert,
Und daß er mich nicht hindert, weiß ich jetzt!
    (Ab.)

Sechste Scene.

Schloßhof.

(Die Nibelungen mit Dietrich, Rüdeger, Iring und Thüring
treten auf.)

    Hagen.
Da sind wir denn! Hier sieht's ja prächtig aus!
Was ist das für ein Saal?

    Rüdeger.
       Der ist für Euch,
Du wirst ihn noch vor Abend kennen lernen,
Er hat für mehr als tausend Gäste Raum.

    Hagen.
Wir glaubten auch, in keiner Bärenhöhle
Zu sitzen, weil wir nicht vom Rauch mehr leiden,
Wie uns're Väter in der alten Zeit,
Doch das ist ganz was And'res!
    (Zu den Königen.)
         Hütet Euch,
Den asiat'schen Schwäher einzuladen:
Der schickt sein Pferd in Euer Prunkgemach
Und fragt Euch dann, wo Obdach ist für ihn.

Rüdeger.

Herr Etzel sagt: Die Völker denken sich
Den König, wie das Haus, worin er wohnt!
D'rum wendet er auf dieses all die Pracht,
Die er an seinem Leibe stolz verschmäht.

Hagen.

Dann denken sie sich ihn mit so viel Augen,
Als ihnen Fenster hier entgegen funkeln,
Und zittern schon von fern. Doch hat er Recht!

Rüdeger.

Da kommt die Königin!

Siebente Scene.

(Kriemhild mit großem Gefolge tritt auf.)

Hagen.
   Noch immer schwarz!

Kriemhild (zu den Nibelungen).

Seid Ihr es wirklich? Sind das meine Brüder?
Wir glaubten schon, es käm' ein Feind gezogen,
So groß ist Euer Troß. Doch seid gegrüßt!

(Bewillkommnung, aber ohne Kuß und Umarmung.)

Mein Giselher, den Herren von Burgund
Entbot die Heunenkönigin den Gruß,
Dich küßt die Schwester auf den treuen Mund.
Herr Dieterich, mir trug der König auf,
Euch Dank zu sagen, daß Ihr seine Gäste
Empfangen habt. Ich sag' Euch diesen Dank!

(Reicht ihm die Hand.)

Hagen.

Man grüßt die Herren anders als die Mannen,
Das ist ein Zeichen wunderlicher Art,
Das manchen dummen Traum zu Ehren bringt.

(Bindet seinen Helm fester.)

Kriemhild.

Auch Du bist da? Wer hat denn Dich geladen?

Hagen.

Wer meine Herren lud, der lud auch mich!
Und wem ich nicht willkommen bin, der hätte

Auch die Burgunden nicht entbieten sollen,
Denn ich gehör' zu ihnen, wie ihr Schwert.

Kriemhild.

Dich grüße, wer Dich gerne sehen mag:
Was bringst Du mir, daß Du's von mir erwartest?
Ich habe Dich des Abschieds nicht gewürdigt.
Wie hoffst Du jetzt auf freundlichen Empfang!

Hagen.

Was sollt' ich Dir wohl bringen, als mich selbst?
Ich trug noch niemals Wasser in das Meer
Und sollte neue Schätze bei Dir häufen?
Du bist ja längst die Reichste von der Welt.

Kriemhild.

Ich will auch Nichts, als das, was mir gehört,
Wo ist's? Wo blieb der Hort der Nibelungen?
Ihr kommt mit einem Heer! Es war wohl nöthig,
Ihn herzuschaffen. Liefert ihn denn aus!

Hagen.

Was fällt Dir ein? Der Hort ist wohl bewahrt,
Wir wählten einen sich'ren Ort für ihn,
Den einzigen, wo's keine Diebe giebt,
Er liegt im Rhein, wo er am tiefsten ist.

Kriemhild.

So habt Ihr das nicht einmal gut gemacht,
Was doch noch heut in Eurem Willen steht?
Dich, sagst Du, hielt man nöthig für die Fahrt,
Und nicht den Hort? Ist das die neue Treu'?

Hagen.

Wir wurden auf das Fest der Sonnenwende
Geladen, aber nicht zum jüngsten Tag;
Wenn wir mit Tod und Teufel tanzen sollen,
So sagte man's uns nicht zur rechten Zeit.

Kriemhild.

Ich frage nicht für mich nach diesen Schätzen,
Ich hab' an meinem Fingerhut genug,
Doch Königinnen werden schlecht geachtet,
Wenn ihre Morgengabe gar nicht kommt.

Hagen.

Wir trugen allzuschwer an unser'm Eisen,
Um uns auch noch mit Deinem Gold zu schleppen,
Wer meinen Schild und meinen Panzer wiegt,
Der bläs't das Sandkorn ab und nicht hinzu.

Kriemhild.

Ich bin hier noch die Brautgeschenke schuldig,
Doch das ist Etzel's Sache, meine nicht,
So legt denn ab und folgt mir in den Saal,
Er wartet längst mit Ungeduld auf Euch.

Hagen.

Nein, Königin, die Waffen nehm' ich mit,
Dir ständen Kämmrerdienste übel an!
(Zu Werbel, der auf Kriemhilds Wink Hagens Schild ergreift.)
Auch Du bist gar zu höflich, süßer Bote,
Die Klauen sind dem Adler nie zur Last.

Kriemhild.

Ihr wollt in Waffen vor den König treten?
So hat Euch ein Verräther auch gewarnt,
Und kennt' ich ihn, so sollt' er selbst erleiden,
Womit er Euch aus Hinterlist bedroht.

Dietrich (tritt ihr gegenüber).

Ich bin der Mann, ich, Dietrich, Vogt von Bern!

Kriemhild.

Das würd' ich Keinem glauben, als Euch selbst!
Euch nennt die Welt den edlen Dieterich,
Und blickt auf Euch, als wär't Ihr dazu da,
Um Feuer und Wasser einen Damm zu setzen
Und Sonne und Mond den rechten Weg zu zeigen,
Wenn sie einmal verirrten auf der Bahn.
Sind das die Tugenden, für die's der Zunge
An Namen fehlt, weil sie kein Mensch vor Euch
Besessen haben soll, daß Ihr Verwandte,
Die sich versöhnen wollen, neu verhetzt
Und Euren Mund zum Blasebalg erniedrigt,
Der todte Kohlen anzufachen sucht?

Dietrich.

Ich weiß, worauf Du sinnst, und bin gegangen,
Es zu verhüten.

Kriemhild.
Und was wär' denn das?
Wenn Du den Wunsch in meiner Seele kennst,
Den Du als Mann und Held verdammen darfst,
So nenn' ihn mir und schilt mich, wie Du magst.
Doch wenn Du schweigen mußt, weil Du nicht wagst,
Mich eines Unrechts zu beschuldigen,
So ford're diesen ihre Waffen ab.

Hagen.
Das braucht er nur zu thun, so hat er sie.

Dietrich.
Ich steh' Dir für sie ein!

Kriemhild.
Für Etzel auch,
Daß er die Doppelschmach nicht grimmig rächt?
Mit meinen Perlen schmückt die Nixe sich,
Mit meinem Golde spielt der plumpe Fisch,
Und statt sich hier zum Pfand des Friedens jetzt
Den Arm zu binden, blitzt ihr Schwert als Gruß.

Hagen.
Herr Etzel war noch nimmer in Burgund,
Und wenn Du selbst es ihm nur nicht verräthst,
So weiß er viel, was Brauch ist unter uns.

Kriemhild.
Ein jeder wählt sein Zeichen, wie er will,
Ihr tretet unter dem des Blutes ein,
Doch merkt Euch! wer da trotzt auf eig'nen Schutz,
Der ist des fremden quitt, und damit gut.

Hagen.
Wir rechnen immer nur auf uns allein
Und achten alles Uebrige gering.

Dietrich.
Ich werde selbst das Salzfaß überwachen,
Damit kein Zank entsteht.

Kriemhild.
Du kennst sie nicht
Und wirst noch viel bereu'n!

Hagen (zu Rüdeger).
                    Herr Markgraf, stellt
Euch doch als Blutsfreund vor. Da sieht sie gleich,
Daß wir ein friedliches Geschäft betreiben,
Denn Hochzeitstifter suchen keinen Streit.
Ja, Königin, wir gehen zwar in Eisen,
Allein wir haben Minnewerk gepflogen
Und bitten Dich, den neu geschloss'nen Bund,
Der Giselher vereinigt mit Gudrun,
Mit Deinem Segen zu bekräftigen.

Kriemhild.
Ist's so, Herr Rüdeger, und kann's so sein?

Giselher.
Ja, Schwester, ja!

Kriemhild.
Ihr seid vermählt?

Giselher.
                    Verlobt.

Hagen.
Die Hochzeit erst, wenn Du gesegnet hast!
(Zu Gunther.)
Jetzt aber, scheint mir, wird es endlich Zeit,
Zu Hof zu geh'n! Was sollen wir uns länger
Begaffen lassen?

Dietrich.
Ich geleite Euch!
(Ab mit den Nibelungen)

Kriemhild (im Abgehen zu Rüdeger).
Herr Rüdeger, gedenkt Ihr Eures Schwur's?
Die Stunde naht, wo Ihr ihn lösen müßt.
(Beide ab, es erscheinen immer mehr Hennen.)

Achte Scene.

Rumolt.
Wie dünkt Euch das?

Dankwart.
                    Wir wollen unser Volk

Zusammen halten und das Uebrige
Erwarten.
Rumolt.
Seltsam ist's, daß König Etzel
Uns nicht entgegen kam. Er soll doch sonst
Von feinen Sitten sein.
Dankwart.
Und wie das glupt
Und stiert und heimlich an den Arm sich stößt
Und wispert!
(Zu einigen Heunen, die zu nahe kommen.)
Halt! Der Platz ist schon besetzt!
Auch der! Und der! Schon zwanzig Schritt von hier
Fängt meine große Zehe an. Wer wagt's
Mir d'rauf zu treten?

Rumolt (nach hinten rufend).
Eben so viel Raum
Brauch' ich für meinen Buckel, und er ist
Empfindlich, wie ein Hühner=Ei.

Dankwart.
Das hilft! —
Sie knurren zwar, doch zieh'n sie sich zurück;
Unheimliches Gesindel, klein und frech.

Rumolt.
Ich guckt' einmal in eine finst're Höhle
Durch einen Felsenspalt hinein. Da glühten
Wohl dreißig Augenräder mir entgegen,
Grün, blau und feuergelb, aus allen Ecken
Und Winkeln, wo die Thiere kauerten,
Die Katzen und die Schlangen, die sie zwinkernd
In ihren Kreisen drehten. Schauerlich
Sah's aus, es kam mir vor, als hätt' sich eine
Gestirnte Hölle tief im Mittelpunkt
Der Erde aufgethan, wie all die Funken
So durch einander tanzten, und ich fuhr
Zurück, weil ich nicht wußte, was es war.
Das kommt mir in den Sinn, nun ich dieß Volk
So tückisch glupen sehe, und je dunkler
Der Abend wird, je besser trifft's.

Dankwart.

An Schlangen

Und Katzen fehlt's gewiß nicht. Ob auch Löwen
Darunter sind?

Rumolt.

Die Probe muß es lehren,
In meiner Höhle fehlten sie. Ich suchte
Den Eingang auf, sobald ich mich besann,
Denn draußen war es hell, und schoß hinein.
Auch traf gar mancher Pfeil, wie das Geächz
Mir meldete, doch hört' ich kein Gebrüll
Und kein Gebrumm, es war die Brut der Nacht,
Die dort beisammen saß, die feige Schaar,
Die kratzt und sticht, anstatt zu off'nem Kampf
Mit Tatze, Klau' und Horn hervor zu springen,
Und eben so erscheinen mir auch die.
Gib Acht, wenn sie uns nicht beschleichen können,
So hat's noch keine Noth.

Dankwart.

Verachten möcht' ich

Sie nicht, denn Etzel hat die Welt mit ihnen
Erobert.

Rumolt.

Hat er's auch bei uns versucht?
Er mähte Gras und ließ die Arme sinken,
Als er auf deutsche Eichen stieß!

Neunte Scene.

(Werbel, schon vorher mit Swemmel unter den Hennen sichtbar, ihnen unbemerkt folgt Eckewart.)

Werbel.

Nun, Freunde,

Verlangt Euch nicht in's Nachtquartier?

Dankwart.

Es ist

Uns noch nicht angewiesen.

Werbel.

Alles steht

Schon längst bereit.

(Zu den Seinigen.)
Kommt! Mischt Euch, wie sich's ziemt.
Dankwart.
Halt! Wir Burgunden bleiben gern allein.

Werbel (ermuntert die Seinigen zu kommen).
Ei, was!
Dankwart.
Noch einmal! Das ist unser Brauch.
Werbel.
Im Krieg! Doch nicht beim Zechgelag!
Dankwart.
Zurück!
Sonst laß ich zieh'n!
Werbel.
Wer sah noch solche Gäste!
Rumolt.
Sie gleichen ihren Wirthen auf ein Haar.
(Es wird geklatscht.)
Dankwart.
Man klatscht uns zu. Wer ist's?
Rumolt.
Erräthst Du's nicht?
Dankwart.
Ein unsichtbarer Freund.
Rumolt.
Ich sah vorhin
Den alten Eckewart vorüber schleichen,
Der Frau Kriemhild hinab geleitet hat.
Dankwart.
Glaubst Du, daß der es war?
Rumolt.
Ich denk' es mir.
Dankwart.
Der hat ihr Treu' geschworen bis zum Tode
Und war ihr immer hold und dienstbereit,
Das wär' ein Wink für uns.

Zehnte Scene.

(Hagen kommt mit Volker zurück.)

Hagen.
　　　　　Wie steht's denn hier?
Dankwart.
Wir halten uns, wie Du's befohlen hast.
Rumolt.
Und Kriemhild's Kämmrer klatscht uns Beifall zu.
Hagen.
Nun, Etzel ist ein Mann nach meinem Sinn.
Dankwart.
So?
Rumolt.
Ohne Falsch?
Hagen.
　　　　　Ich glaub's. Er trägt den Rock
Des besten Recken, den sein Arm erschlagen,
Und spielt darin des Todten Rolle fort.
Das Kleid ist etwas eng für seine Schultern,
Auch platzt die Naht ihm öfter, als er's merkt,
Doch meint er's gut.
Dankwart.
　　　　　Warum denn kein Empfang?
Volker.
Mir kam es vor, als wär' er angebunden,
Und hätte uns nur darum nicht begrüßt.
Hagen.
So war es auch. Sein Weib hat ihm gewehrt,
Hinab zu steigen, doch das bracht' er reichlich
Durch seine Milde wieder ein.
Volker.
　　　　　Ich dachte
An meinen Hund, als er so überfreundlich
Die Hand uns bot. Der wedelt immer doppelt,
Wenn ihn sein Strick verhindert, mir entgegen
Zu springen bis zur Thür.

Hagen.
Ich dachte nicht
An Deinen Hund, ich dachte an den Leuen,
Der Eisenketten, wie man sagt, zerreißt
Und Weiberhaare schont.
(Zu Dankwart und Rumolt.)
Nun eßt und trinkt!
Wir haben's hinter uns und übernehmen
Die Wacht für Euch!
Dankwart (zu Werbel und Swemmel).
So führt uns, wenn's gefällt.
Werbel (zu Swemmel).
Thu' Du's!
(Heimlich.)
Ich muß sogleich zur Königin.
(Alles zerstreut sich. Werbel geht in den Palast. Eckewart wird wieder sichtbar.)

Elfte Scene.

Volker.
Was meinst Du?
Hagen.
Nimmer wird's mit Etzel's Willen
Geschehen, daß man uns die Treue bricht,
Denn er ist stolz auf seine Redlichkeit,
Er freut sich, daß er endlich schwören kann,
Und füttert sein Gewissen um so besser,
Als er's so viele Jahre hungern ließ.
Doch sicher ist der Boden nicht, er dröhnt,
Wohin man tritt, und dieser Geiger ist
Der Maulwurf, der ihn heimlich unterwühlt.
Volker.
O, der ist falsch, wie's erste Eis! — Auch wollen
Wir überall des zahmen Wolf's gedenken,
Der plötzlich unter'm Lecken wieder beißt.
Was nicht im Blut liegt, hält nicht vor. Doch sieh,
Wer schiebt sich da mit seinem weißen Haar
So wunderlich vorbei?
(Eckewart schreitet langsam vorüber, wie Einer, der in Gedanken mit sich
selbst redet. Seine Geberden in Einklang mit Volker's Schilderung.)

Hagen (rafch).
Ei, Eckewart!

Volker.
Er raunt, er murmelt etwas in die Lüfte
Und stellt sich an, als sähe er uns nicht,
Ich will ihm folgen, denn er rechnet d'rauf.

Hagen.
Pfui, Volker, ziemt es sich für uns, zu lauschen?
Schlag an den Schild und klirre mit dem Schwert!
(Er rasselt mit seinen Waffen.)

Volker.
Jetzt macht er Zeichen.

Hagen.
Nun, so kehr' Dich um.
(Sie thun es; sehr laut.)
Wer was zu melden hat, der meld' es dort,
Wo man es noch nicht weiß.

Volker.
Das ist —

Hagen.
Schweig still,
Willst Du dem Heunenkönig Schmach ersparen?
Er sehe selbst zu.
(Eckewart schüttelt den Kopf und verschwindet.)

Volker.
Das ist mir zu kraus!

Hagen (faßt ihn unter den Arm).
Mein Freund, wir sind auf Deinem Todtenschiff,
Von allen zwei und dreißig Winden dient
Uns keiner mehr, ringsum die wilde See,
Und über uns die rothe Wetterwolke.
Was kümmert's Dich, ob Dich der Hai verschlingt,
Ob Dich der Blitz erschlägt? Das gilt ja gleich,
Und etwas Beff'res sagt Dir kein Prophet!
D'rum stopfe Dir die Ohren zu, wie ich,
Und laß Dein innerstes Gelüsten los,
Das ist der Todgeweihten letztes Recht.

Zwölfte Scene.

(Die Könige treten auf mit Rüdeger.)

Gunther.
Ihr schöpft noch frische Luft?

Hagen.
Ich will einmal
Die Lerche wieder hören.

Giselher.
Die erwacht
Erst mit der Morgenröthe.

Hagen.
Bis dahin
Jag' ich die Eule und die Fledermaus.

Gunther.
Ihr wollt die ganze Nacht nicht schlafen geh'n?

Hagen.
Nein, wenn uns nicht Herr Rüdeger entkleidet.

Rüdeger.
Bewahr' mich Gott!

Giselher.
Dann wache ich mit Euch.

Hagen.
Nicht doch! Wir sind genug und steh'n Euch gut,
Für jeden Tropfen Bluts, bis auf den einen,
Von dem die Mücke lebt.

Gerenot.
So glaubst Du —

Hagen.
Nichts!
Es ist nur, daß ich gleich zu finden bin,
Wenn man mich sucht. Nun kriecht in Euer Bett,
Wie's Zechern ziemt.

Gunther.
Ihr ruft?

Hagen.
                    Seid unbesorgt,
Es wird Euch Keiner rufen, als der Hahn.
            Gunther.
Dann gute Nacht!
            (Ab in den Saal mit den Andern.)

Dreizehnte Scene.

        Hagen (ihm nach).
                Und merk' Dir Deinen Traum,
Wie's Deine Mutter bei der Abfahrt that!
            (Zu Volker.)
Wir passen auf, daß er sich nicht erfüllt,
Bevor Du ihn erzählen kannst! — Der ahnt
Noch immer Nichts.
            Volker.
                Doch! Er ist nur zu stolz,
Es zu bekennen.
            Hagen.
                Nun, er wär' auch blind,
Wenn er's nicht sähe, wie sich die Gesichter
Um uns verdunkeln, und die besten eben
Am meisten.
            (Viele Hennen sind zurückgekehrt.)
            Volker.
Schau!
            Hagen.
                Da hast Du das Geheimniß
Des Alten! Doch ich hatt' es wohl gedacht! —
Komm, setz' Dich nieder! Mit dem Rücken so!
        (Sie setzen sich, den Hennen ihre Rücken wendend.)
Fängt's hinter Dir zu trippeln an, so huste,
Dann wirst Du's laufen hören, denn sie werden
Als Mäuse kommen und als Ratten geh'n!

Vierzehnte Scene.

(Kriemhild erscheint mit Werbel oben auf der Stiege.)

Werbel.
Siehst Du! Dort sitzen sie!
Kriemhild.
                          Die seh'n nicht aus,
Als wollten sie zu Bett!
Werbel.
                    Und wenn ich winke,
Stürzt meine ganze Schaar heran.
Kriemhild.
                              Wie groß
Ist die?
Werbel.
      An Tausend.
Kriemhild (macht gegen die Hennen eine ängstlich zurückweisende Bewegung).
Werbel.
            Was bedeutet das?
Kriemhild.
Geh, daß sie sich nicht regen.
Werbel.
                        Thun die Deinen
Dir plötzlich wieder leid?
Kriemhild.
                      Du blöder Thor,
Die klatscht der Tronjer Dir allein zusammen,
Indeß der Spielmann seine Fiedel streicht.
Du kennst die Nibelungen nicht! Hinab!
(Beide verschwinden.)

Fünfzehnte Scene.

Volker (springt auf).
So geht's nicht mehr!
            (Geigt eine lustige Melodie.)
Hagen (schlägt ihm auf die Fiedel).
                              Nein, das vom Todtenschiff!
Das Letzte, wie der Freund den Freund ersticht,
Und dann die Fackel — Das geht morgen los.

Vierter Act.

Tiefe Nacht.

Erste Scene.

(Volker steht und geigt. Hagen sitzt wie vorher. Die Heunen in verwunderten und aufmerksamen Gruppen um Beide herum. Man hört Volker's Spiel, bevor der Vorhang sich erhebt. Gleich nachher entfällt einem der Heunen sein Schild.)

Hagen.
Hör' auf! Du bringst sie um, wenn Du noch länger
So spielst und singst. Die Waffen fallen schon.
Das war ein Schild! Drei Bogenstriche noch,
So folgt der Speer. Wir brauchen weiter Nichts,
Als die Erzählung dessen, was wir längst
Vollbrachten, eh' wir kamen, neuer Thaten
Bedarf es nicht, um sie zu bändigen.

Volker (ohne auf ihn zu achten, visionär).
Schwarz war's zuerst! Es blitzte nur bei Nacht,
Wie Katzen, wenn man sie im Dunkeln streicht,
Und das nur, wenn's ein Hufschlag spaltete.
Da rissen sich zwei Kinder um ein Stück,
Sie warfen sich in ihrem Zorn damit,
Und Eines traf das Andere zu Tod.

Hagen (gleichgültig).
Er fängt was Neues an. Nur zu, nur zu!

Volker.
Nun ward es feuergelb, es funkelte,
Und wer's erblickte, der begehrte sein
Und ließ nicht ab.

Hagen.
Dieß hab' ich nie gehört! —
Er träumt wohl! Alles And're kenn' ich ja!

Volker.
Da gibt es wildern Streit und gift'gern Neid,
Mit allen Waffen kommen sie, sogar
Dem Pflug entreißen sie das fromme Eisen
Und tödten sich damit.

Hagen (immer aufmerksamer).
                    Was meint er nur?
        Volker.
In Strömen rinnt das Blut und wie's erstarrt,
Verdunkelt sich das Gold, um das es floß,
Und strahlt in heller'm Schein.
        Hagen.
                    Ho, ho! Das Gold!
        Volker.
Schon ist es roth und immer röther wird's
Mit jedem Mord. Auf, auf, was schont Ihr Euch?
Erst wenn kein Einz'ger mehr am Leben ist,
Erhält's den rechten Glanz, der letzte Tropfen
Ist nöthig, wie der erste.
        Hagen.
                    O, ich glaub's.
        Volker.
Wo blieb's? — Die Erde hat es eingeschluckt,
Und die noch übrig sind, zerstreuen sich
Und suchen Wünschelruthen. Thöricht Volk!
Die gier'gen Zwerge haben's gleich gehascht
Und hüten's in der Teufe. Laßt es dort,
So habt Ihr ew'gen Frieden!
        (Setzt sich und legt die Fiedel bei Seite.)
        Hagen.
                    Wachst Du auf?
        Volker (springt wieder auf, wild).
Umsonst! Umsonst! Es ist schon wieder da!
Und zu dem Fluch, der in ihm selber liegt,
Hat noch ein neuer sich hinzugesellt:
Wer's je besitzt, muß sterben, eh's ihn freut.
        Hagen.
Er spricht vom Hort. Nun ist mir Alles klar.
        Volker (immer wilder).
Und wird es endlich durch den Wechselmord
Auf Erden herrenlos, so schlägt ein Feuer
Daraus hervor mit zügelloser Glut,
Das alle Meere nicht ersticken können,

Weil es die ganze Welt in Flammen setzen
Und Ragnarok überdauern soll.
(Setzt sich.)

Hagen.
Ist das gewiß?
Volker.
So haben es die Zwerge
In ihrer Wuth verhängt, als sie den Hort
Verloren.
Hagen.
Wie geschah's?
Volker.
Durch Götterraub!
Odin und Loke hatten aus Versehn
Ein Riesenkind erschlagen und sie mußten
Sich lösen.
Hagen.
Gab's denn einen Zwang für sie?
Volker.
Sie trugen menschliche Gestalt und hatten
Im Menschenleibe auch nur Menschenkraft.

Zweite Scene.

(Werbel erscheint unter den Heunen, flüsternd.)

Werbel.
Nun! Seid Ihr Spinnen, die man mit Musik
Verzaubert und entseelt? Heran! Es gilt!

Dritte Scene.

(Kriemhild mit Gefolge steigt herunter. Fackeln.)

Hagen.
Wer naht sich da?
Volker.
Es ist die Fürstin selbst.
Geht die so spät zu Bett? Komm, steh'n wir auf!
Hagen.
Was fällt Dir ein? Nein, nein, wir bleiben sitzen.

Volker.
Das bracht' uns wenig Ehre, denn sie ist
Ein edles Weib und eine Königin.
Hagen.
Sie würde denken, daß wir uns aus Furcht
Erhöben. Balmung, thu' nicht so verschämt!
(Legt den Balmung über's Knie.)
Dein Auge funkelt dräuend durch die Nacht,
Wie der Komet. Ein prächtiger Rubin!
So roth, als hätt' er alles Blut getrunken,
Das je vergossen ward mit diesem Stahl.
Kriemhild.
Da sitzt der Mörder.
Hagen.
Wessen Mörder, Frau?
Kriemhild.
Der Mörder meines Gatten.
Hagen.
Weckt sie auf,
Sie geht im Traum herum. Dein Gatte lebt,
Ich habe noch zur Nacht mit ihm gezecht
Und stehe Dir mit diesem guten Schwert
Für seine Sicherheit.
Kriemhild.
O pfui! Er weiß
Recht wohl, von wem ich sprach, und stellt sich an,
Als wüßt' er's nicht.
Hagen.
Du sprachst von Deinem Gatten,
Und das ist Etzel, dessen Gast ich bin.
Doch, es ist wahr, Du hast den Zweiten schon,
Denkst Du in seinem Arm noch an den Ersten?
Nun freilich, diesen schlug ich todt.
Kriemhild.
Ihr hört!
Hagen.
War das hier unbekannt? Ich kann's erzählen,
Der Spielmann streicht die Fiedel wohl dazu! —
(Als ob er singen wollte.)
Im Odenwald, da springt ein munt'rer Quell —

14*

Kriemhild (zu den Hennen).
Nun thut, was Euch gefällt. Ich frag' nicht mehr,
Ob Ihr's zu Ende bringt.
Hagen.
     Zu Bett! Zu Bett!
Du hast jetzt and're Pflichten.
Kriemhild.
      Deinen Hohn
Erstick' ich gleich in Deinem schwarzen Blut:
Auf, Etzel's Bürger, auf, und zeigt es ihm,
Warum ich in das zweite Eh'bett stieg.
Hagen (steht auf).
So gilt's hier wirklich Mord und Ueberfall?
Auch gut!
   (Klopft auf den Panzer.)
  Das Eisen kühlt schon allzu stark,
Und Nichts vertreibt den Frost so bald, wie dieß.
   (Zieht den Balmung.)
Heran! Ich seh' der Köpfe mehr als Rümpfe!
Was drückt Ihr Euch da hinten so herum?
Der Helme Glanz verrieth Euch längst.
   (Legt aus.)
       Sie flieh'n!
Noch ist Herr Etzel nicht dabei! — Zu Bett!
Kriemhild.
Pfui! Seid Ihr Männer?
Hagen.
    Nein, ein Haufen Sand,
Der freilich Stadt und Land verschütten kann,
Doch nur, wenn ihn der Wind in's Fliegen bringt.
Kriemhild.
Habt Ihr die Welt erobert?
Hagen.
     Durch die Zahl!
Die Million ist eine Macht, doch bleibt
Das Körnchen, was es ist!
Kriemhild.
     Hört Ihr das an
Und rächt Euch nicht?

Hagen.
Nur zu! Brauch Deinen Hauch,
Ich blase mit hinein!
(Zu den Hennen.)
Kriecht auf dem Bauch
Heran und klammert Euch an uns're Beine,
Wie Ihr's in Euren Schlachten machen sollt.
Wenn wir in's Stolpern und in's Straucheln kommen
Und durch den Purzelbaum zu Grunde geh'n,
Um Hülfe schrei'n wir nicht, das schwör' ich Euch!

Kriemhild.
Wenn Ihr nur Wen'ge seid, so braucht Ihr auch
Mit Wen'gen nur zu theilen!

Hagen.
Und der Hort
Ist reich genug, und käm' die ganze Welt.
Ja, er vermehrt sich selbst, es ist ein Ring
Dabei, der immer neues Gold erzeugt,
Wenn man — Doch nein! Noch nicht!
(Zu Kriemhild.)
Das hast auch Du
Vielleicht noch nicht gewußt? Ihr könnt mir's glauben,
Ich hab's erprobt und theile das Geheimniß
Dem mit, der mich erschlägt! Es mangelt nur
Der Zauberstab, der Todte wecken kann!
(Zu Kriemhild.)
Du siehst, es hilft uns allen Beiden Nichts,
Wir können diesen spröden Sand nicht ballen,
D'rum steh'n wir ab.
(Setzt sich nieder.)

Kriemhild (zu Werbel).
Ist das Muth?

Werbel.
Es wird
Schon anders werden.

Volker (mit dem Finger deutend).
Eine zweite Schaar!
Die Rüstung blitzt im ersten Morgenlicht
Und abermals ein Geiger, der sie führt.

Hab' Dank, Kriemhild, man sieht's an der Musik,
Zu welchem Tanz Du uns geladen hast.
Kriemhild.
Was siehst Du? Wenn der Zorn mich übermannte,
So tragt Ihr selbst durch Euren Hohn die Schuld,
Und wenn der Gast nicht schläft, so wird doch auch
Wohl für den Wirth das Wachen räthlich sein.
Hagen (lacht).
Schickt Ezel die?
Kriemhild.
Nein, Hund, ich that es selbst,
Und sei gewiß, Du wirst mir nicht entkommen,
Wenn Du auch noch die nächste Sonne siehst.
Ich will zurück in meines Siegfried's Gruft,
Doch muß ich mir das Todtenhemd erst färben,
Und das kann nur in Deinem Blut gescheh'n.
Hagen.
So ist es recht! Was heucheln wir, Kriemhild?
Wir kennen uns. Doch merke Dir auch dieß:
Gleich auf das erste Meisterstück des Hirsches,
Dem Jäger zu entrinnen, folgt das zweite,
Ihn in's Verderben mit hinab zu zieh'n,
Und Eins von Beidem glückt uns sicherlich!

Vierte Scene.

(Gunther im Nachtgewand; Giselher, Gerenot 2c. folgen.)
Gunther.
Was gibt es hier?
Kriemhild.
Die alte Klägerin!
Ich rufe Klagen über Hagen Tronje
Und ford're jetzt zum letzten Mal Gericht.
Gunther.
Du willst Gericht und pochst in Waffen an?
Kriemhild.
Ich will, daß Ihr im Ring zusammen tretet,
Und daß Ihr schwört, nach Recht und Pflicht zu sprechen,
Und daß Ihr sprecht und Euren Spruch vollzieht.

Gunther.
Das weig're ich.
Kriemhild.
So gebt den Mann heraus!
Gunther.
Das thu' ich nicht.
Kriemhild.
So gilt es denn Gewalt.
Doch nein, erst frag' ich um. Mein Giselher
Und Gerenot, Ihr habt die Hände rein,
Ihr dürft sie ruhig an den Mörder legen,
Euch kann er der Genossenschaft nicht zeih'n!
So tretet Ihr denn frei von ihm zurück
Und überlaßt ihn mir! — Wer zu ihm steht,
Der thut's auf seine eigene Gefahr.
Gerenot und Giselher
(treten Hagen mit gezogenen Schwertern zur Seite).
Kriemhild.
Wie? In den Wald seid Ihr nicht mit geritten,
Und habt die That verdammt, als sie geschah,
Jetzt wollt Ihr sie vertheidigen?
Gunther.
Sein Loos
Ist uns'res!
Kriemhild.
Doch!
Giselher.
O, Schwester, halte ein,
Wir können ja nicht anders.
Kriemhild.
Kann denn ich?
Giselher.
Was hindert Dich? Wir häuften ew'ge Schmach
Auf unser Haupt, wenn wir den Mann verließen,
Der uns in Noth und Tod zur Seite stand.
Kriemhild.
Das habt Ihr längst gethan! Ihr seid mit Schmach
Bedeckt, wie niemals noch ein Heldenstamm.

Ich aber will Euch an die Quelle führen,
Wo Ihr Euch waschen könnt.
(Stößt Hagen vor die Brust.)
Hier sprudelt sie.

Hagen (zu Gunther).

Nun?

Gunther.

Ja, Du hätt'st zu Hause bleiben sollen,
Doch das ist jetzt gleichviel.

Kriemhild.

Ihr habt die Treue
Gebrochen, als es höchste Tugend war,
Nicht einen Finger breit von ihr zu wanken,
Wollt Ihr sie halten, nun es Schande ist?
Nicht die Verschwäg'rung und das nahe Blut,
Nicht Waffenbrüderschaft noch Dankbarkeit
Für Rettung aus dem sich'ren Untergang,
Nichts regte sich für ihn in Eurer Brust,
Er ward geschlachtet wie ein wildes Thier,
Und wer nicht half, der schwieg doch, statt zu warnen
Und Widerstand zu leisten —
(Zu Giselher.)
Du sogar!
Fällt Alles das, was nicht ein Sandkorn wog,
Als es Erbarmen mit dem Helden galt,
Auf einmal, wie die Erde, in's Gewicht,
Nun seine Witwe um den Mörder klopft?
(Zu Gunther.)
Dann siegelst Du die That zum zweiten Mal
Und bist nicht mehr durch Jugend halb entschuldigt,
(Zu Giselher und Gerenot.)
Ihr aber tretet bei und haftet mit.

Hagen.

Vergiß Dich selbst und Deinen Theil nicht ganz!
Du trägst die größte Schuld.

Kriemhild.

Ich!

Hagen.

Du! Ja, Du!
Ich liebte Siegfried nicht, das ist gewiß,

Er hätt' mich auch wohl nicht geliebt, wenn ich
Erschienen wäre in den Niederlanden,
Wie er in Worms bei uns, mit einer Hand,
Die alle uns're Ehren spielend pflückte,
Und einem Blick, der sprach: Ich mag sie nicht!
Trag' einen Strauß, in dem das kleinste Blatt
An Todeswunden mahnt, und der Dich mehr
Des Blutes kostet, als Dein ganzer Leib
Auf einmal in sich faßt, und laß ihn Dir
Nicht bloß entreißen, nein, mit Füßen treten,
Dann küsse Deinen Feind, wenn Du's vermagst.
Doch dieses auf Dein Haupt! Ich hätt's verschluckt,
Das schwör' ich Dir bei meines Königs Leben,
So tief der Groll mir auch im Herzen saß.
Da aber kam der scharfe Zungenkampf,
Er stand, Du selbst verriethst es uns im Zorn,
Auf einmal eid- und pflichtvergessen da,
Und hätt' Herr Gunther ihm vergeben wollen,
So hätt' er auch sein edles Weib verdammt.
Ich leugne nicht, daß ich den Todesspeer
Mit Freuden warf, und freue mich noch jetzt,
Doch Deine Hand hat mir ihn dargereicht,
D'rum büße selbst, wenn hier zu büßen ist.

Kriemhild.

Und büß' ich nicht? Was könnte D i r gescheh'n,
Das auch nur halb an meine Qualen reichte?
Sieh diese Krone an und frage Dich!
Sie mahnt an ein Vermählungsfest, wie kein's
Auf dieser Erde noch gefeiert ward,
An Schauderküsse, zwischen Tod und Leben
Gewechselt in der fürchterlichsten Nacht,
Und an ein Kind, das ich nicht lieben kann!
Doch meine Hochzeitsfreuden kommen jetzt,
Wie ich gelitten habe, will ich schwelgen,
Ich schenke Nichts, die Kosten sind bezahlt.
Und müßt' ich hundert Brüder niederhauen,
Um mir den Weg zu Deinem Haupt zu bahnen,
So würd' ich's thun, damit die Welt erfahre,
Daß ich die Treue nur um Treue brach.

(Ab.)

Fünfte Scene.

Hagen.
Nun werft Euch in die Kleider, aber nehmt
Die Waffen, statt der Rosen, in die Hand.

Giselher.
Sei unbesorgt! Ich halte fest zu Dir
Und nimmer krümmt sie mir ein Haar, auch hab'
Ich's nicht um sie verdient.

Hagen.
                    Sie thut's, mein Sohn,
D'rum rath' ich, reite nach Bechlarn zurück!
Daß sie Dich ziehen läßt, bezweifl' ich nicht,
Doch mehr erwarte nicht von ihr und eile,
Sie hat ja Recht, ich that ihr grimmig weh!

Giselher.
Du hast schon manchen schlechten Rath gegeben,
Dies ist der schlechteste!
(Ab mit Gunther und Gerenot in's Haus.)

Sechste Scene.

Hagen.
                Begreifst Du den?
Er hat kein mildes Wort mit mir gesprochen,
Seit wir zurück sind aus dem Odenwald,
Und jetzt —

Volker.
            Ich habe nie an ihm gezweifelt,
So finster seine Stirn' auch war. Gib Acht:
Er flucht Dir, doch er stellt sich vor Dich hin,
Er tritt Dir mit der Ferse auf die Zehen
Und fängt zugleich die Speere für Dich auf!
Des Weibes Keuschheit geht auf ihren Leib,
Des Mannes Keuschheit geht auf seine Seele,
Und eher zeigt sich Dir das Mägdlein nackt,
Als solch ein Jüngling Dir das Herz entblößt.

Hagen.
Es thut mir leid um dieses junge Blut! —

Der Tod steht aufgerichtet hinter uns,
Ich wickle mich in seinen tiefsten Schatten,
Und nur auf ihn fällt noch ein Abendroth.
(Beide ab.)

Siebente Scene.

(Etzel und Dietrich treten auf.)

Dietrich.
Nun siehst Du selbst, wozu Kriemhild sie lud.

Etzel.
Ich seh's.

Dietrich.
Mir schien sie immer eine Kohle,
Die frischen Windes in der Asche harrt.

Etzel.
Mir nicht.

Dietrich.
Hast Du denn Nichts gewußt?

Etzel.
Doch, doch!
Allein ich sah's mit Rüdeger's Augen an
Und dachte, Weiberrache sei gesättigt,
Sobald sie ausgeschworen.

Dietrich.
Und die Thränen?
Das Trauerkleid?

Etzel.
Ich hörte ja von Dir,
Daß Eure Weise sei, den Feind zu lieben
Und mit dem Kuß zu danken für den Schlag:
Ei nun, ich hab's geglaubt.

Dietrich.
So sollt' es sein,
Doch ist nicht Jeder stark genug dazu.

Etzel.
Auch dacht' ich mir, als sie so eifrig trieb,
Die Boten endlich doch hinab zu senden,
Es sei der Mutter wegen, denn ich weiß,

Daß sie nicht all zu kindlich von ihr schied,
Und auch, daß sie's bereut!
                    Dietrich.
                            Die Mutter ist
Daheim geblieben, und ich zweifle selbst,
Daß man sie lud. Die Andern aber haben
Den Hort, um den sie doch so viel gewagt,
Die Nacht vor ihrer Fahrt bei Fackelschein
Auf Nimmerwiederseh'n im Rhein versenkt.
                    Etzel.
Warum denn blieben sie nicht auch daheim?
Sie fürchteten doch nicht, daß ich den Gelgern
Mit Ketten und Schwertern folgte?
                    Dietrich.
                            Herr, sie hatten
Kriemhild ihr Wort gegeben und sie mußten
Es endlich lösen, denn wen gar Nichts bindet,
Den bindet das nur um so mehr, auch war
Ihr Sinn zu stolz, um die Gefahr zu melden
Und Rath zu achten. Du bist auch gewohnt,
Dem Tod zu trotzen, doch Du brauchst noch Grund,
Die nicht! Wie ihre wilden Väter sich
Mit eig'ner Hand nach einem lust'gen Mahl
Bei Sang und Klang im Kreise ihrer Gäste
Durchbohrten, wenn des Lebens beste Zeit
Vorüber schien, ja, wie sie trunk'nen Muths
Wohl gar ein Schiff bestiegen und sich schwuren,
Nicht mehr zurückzukehren, sondern draußen
Auf hoher See im Brudermörderkampf,
Der Eine durch den Anderen, zu fallen
Und so das letzte Leiden der Natur
Zu ihrer letzten höchsten That zu stempeln,
So ist der Teufel, der das Blut regiert,
Auch noch in ihnen mächtig, und sie folgen
Ihm freudig, wenn es einmal kocht und dampft.
                    Etzel.
Sei's, wie es sei, ich danke Dir den Gang,
Denn nimmer möcht' ich Kriemhild's Schuldner bleiben
Und jetzt erst weiß ich, wie die Rechnung steht.

Dietrich.

Wie meinst Du das?

Etzel.

Ich glaubte viel zu thun,
Daß ich mich ihrer nach der Hochzeitsnacht
Sogleich enthielt —

Dietrich.

Das war auch viel.

Etzel.

Nein, nein,
Das war noch nichts! Doch so gewiß ich's that,
Und noch gewisser, thu' ich mehr für sie,
Wenn sie's verlangt. Das schwör' ich hier vor Dir!

Dietrich.

Du könntest —

Etzel.

Nichts, was Du verdammen wirst,
Und doch wohl mehr, als sie von mir erwartet,
Sonst hätt' sie längst ein and'res Spiel versucht.
(Im Abgehen.)
Ja, ja, Kriemhild, ich schlage meine Schwäher
Nicht höher an, wie Deine Brüder Du,
Und wenn sie nur noch Mörder sind für Dich,
Wie sollten sie für mich was Beß'res sein!
(Beide ab.)

Achte Scene.

Dom.

(Viele Gewappnete auf dem Platz. Kriemhild tritt mit Werbel auf.)

Kriemhild.

Hast Du die Knechte von den Herrn getrennt?

Werbel.

So weit, daß sie sich nicht errufen können.

Kriemhild.

Wenn sie in ihrem Saal beisammen sitzen
Und essen, überfallt Ihr sie und macht
Sie Alle nieder.

Werbel.
Wohl, es wird gescheh'n.

Kriemhild (wirft ihren Schmuck unter die Heunen).
Da habt Ihr Handgeld! — Reißt Euch nicht darum,
Es gibt genug davon, und wenn Ihr wollt,
So regnet's solche Steine noch vor Nacht.
(Jubelgeschrei.)

Neunte Scene.

(Rüdeger tritt auf.)

Rüdeger.
Du schenkst das halbe Königreich schon weg?

Kriemhild.
Doch hab' ich Dir das Beste aufgehoben.
(Zu den Heunen.)
Seid tapfer! Um den Hort der Nibelungen
Kauft Ihr die Welt, und wenn von Euch auch Tausend
Am Leben bleiben, braucht Ihr nicht zu zanken,
Es sind noch immer tausend Könige!
(Die Heunen zerstreuen sich in Gruppen.)

Kriemhild (zu Rüdeger).
Hast Du nicht was zu holen aus Bechlarn?

Rüdeger.
Nicht, daß ich wüßte!

Kriemhild.
Oder was zu schicken?

Rüdeger.
Noch wen'ger, Fürstin.

Kriemhild.
Nun, so schneide Dir
Mit Deinem Degen eine Locke ab,
Da stiehlt sich eine unter'm Helm hervor —

Rüdeger.
Wozu?

Kriemhild.
Damit Du was zu schicken hast.

Rüdeger.
Wie! Komm' ich denn nicht mehr nach Haus zurück?
Kriemhild.
Warum?
Rüdeger.
   Weil Du ein Werk, wie dieß, verlangst.
Das thut bei uns die Liebe an dem Todten,
Wenn sich der Tischler mit dem Hammer naht,
Der ihn in seinen Kasten nageln soll.
Kriemhild.
Die Zukunft kenn' ich nicht. Doch nimm's nicht so!
Zu Deinem Boten wähle Giselher,
Und gieb ihm auf, an keinem Blumengarten
Vorbei zu reiten, ohne eine Rose
Für seine Braut zu pflücken. Ist der Strauß
Beisammen, steckt er ihn in meinem Namen
Ihr an die Brust und ruht sich aus bei ihr,
Bis sie aus Deiner Locke einen Ring
Für mich geflochten hat. Daß ich den Dank
Verdiene, wird sich zeigen.
Rüdeger.
   Königin,
Er wird nicht geh'n.
Kriemhild.
   Befiehl es ihm mit Ernst,
Du bist ja jetzt sein Vater, er Dein Sohn,
Und wenn er den Gehorsam Dir verweigert,
So wirfst Du ihn zur Strafe in den Thurm.
Rüdeger.
Wie könnt' ich das?
Kriemhild.
   Lock' ihn mit List hinein,
Wenn's mit Gewalt nicht geht. Dann ist's so gut,
Als wär' er auf der Reise, und bevor
Er sich befreien kann, ist Alles aus,
Der jüngste Tag ist auch der kürzeste!
Erwid're Nichts! Wenn Deine Tochter Dir
Am Herzen liegt, so thust Du, was ich sage,
Ich machte Dir ein königlich Geschenk,

Denn — — Doch Du kannst wohl selber prophezel'n!
Die blutigen Kometen sind am Himmel
Anstatt der frommen Sterne aufgezogen,
Und blitzen dunkel in die Welt hinein.
Die guten Mittel sind erschöpft, es kommen
Die bösen an die Reihe, wie das Gift,
Wenn keine Arzenei mehr helfen will,
Und erst, wenn Siegfried's Tod gerochen ist,
Gibt's wieder Missethaten auf der Erde,
So lange aber ist das Recht verhüllt
Und die Natur in tiefen Schlaf versenkt.

(Ab.)

Zehnte Scene.

Rüdeger.

Ist dieß das Weib, das ich in einem See
Von Thränen fand? Mir könnte vor ihr grauen,
Doch kenn' ich jetzt den Zauber, der sie bannt.
Ich Giselher verschicken! Eher werf' ich
Des Tronjer's Schild in's Feuer.

Elfte Scene.

(Die Nibelungen treten auf.)

Rüdeger.

Nun, ihr Recken,
So früh schon da?

Hagen.

Es ist ja Messezeit,
Und wir sind gute Christen, wie Ihr wißt.

Volker (deutet auf einen Heunen).

Wie? Gibt es so geputzte Leute hier?
Man sagt bei uns, der Heune wäscht sich nicht,
Nun läuft er gar als Federbusch herum?

(Zu Hagen.)

Du frugst mich was.

Hagen.

Ei wohl, es geht zum Sterben,
Da muß ich Dich doch fragen: Stirbst Du mit?

Volker (wieder gegen den Heunen).
Ist's aber auch ein Mensch und nicht ein Vogel,
Der rasch die Flügel braucht, wenn man ihn schreckt?
      (Wirft seinen Speer und durchbohrt ihn.)
Doch! — Hier die Antwort! Lebt' ich nicht auch mit?

Hagen.
Brav, doppelt brav!
      Werbel (zu den Heunen).
      Nun? Ist es jetzt genug?
      (Großes Getümmel.)

Zwölfte Scene.

(Etzel tritt rasch mit Kriemhild und seinen Königen auf und wirft sich zwischen die Heunen und die Nibelungen.)

Etzel.
Bei meinem Zorn! Die Waffen gleich gestreckt!
Wer wagt es, meine Gäste anzugreifen?

Werbel.
Herr, Deine Gäste griffen selber an:
Schau her!

Etzel.
    Das that Herr Volker aus Verseh'n!

Werbel.
Vergieb! Hier steht der Markgraf Rüdeger —

Etzel (wendet ihm den Rücken).
Seid mir gegrüßt, Ihr Vettern! Doch warum
Noch jetzt im Harnisch?

Hagen (halb gegen Kriemhild).
      Das ist Brauch bei uns,
Wenn wir auf Feste geh'n. Wir tanzen nur
Nach dem Geklirr der Degen, und wir hören
Sogar die Messe mit dem Schild am Arm.

Etzel.
Die Sitte ist besonders.

Kriemhild.
      Die nicht minder,
Den größten Unglimpf ruhig einzustecken

Und sich zu stellen, als ob Nichts gescheh'n.
Wenn Du dafür von mir den Dank erwartest,
So irrst Du Dich.

Dietrich.
Ich bin heut Kirchenvogt,
Wer in die Messe will, der folge mir.
(Er geht voran, die Nibelungen folgen in den Dom.)

Dreizehnte Scene.

Kriemhild (faßt Etzel während dem bei der Hand).
Tritt auf die Seite, Herr, recht weit, recht weit,
Sonst stoßen sie Dich um und wenn Du liegst,
So kannst Du doch nicht schwören, daß Du stehst.

Etzel.
Herr Rüdeger, keine Waffenspiele heut.

Kriemhild.
Vielleicht dafür ein allgemeines Fasten?

Etzel.
Ich bitt' Euch, sagt's den Herrn von Dänemark
Und Thüring auch. Der alte Hildebrant
Weiß schon Bescheid.

Kriemhild.
Herr Rüdeger, noch Eins:
Was habt Ihr mir zu Worms am Rhein geschworen?

Rüdeger.
Daß Dir kein Dienst geweigert werden soll.

Kriemhild.
Geschah das bloß in Eurem eig'nen Namen?

Etzel.
Was Rüdeger gelobte, halte ich.

Kriemhild.
Nun: König Gunther wandte still den Rücken,
Als Hagen Tronje seinen Mordspieß warf,
Hätt'st Du den Deinen heute auch gewandt,
So wärst Du quitt gewesen gegen mich,
Doch da Du's hinderst, daß ich selbst mir helfe,
So ford're ich des Mörders Haupt von Dir!

Etzel.

Ich bring's Dir auch, wenn er Dir nicht das meine
Zu Füßen legt.
(Zu Rüdeger.)
Nun geh!

Kriemhild.
Wozu denn noch?
Bei Waffenspielen gibt es immer Streit,
Und nie vollbringt Ihr Euer Werk so leicht,
Als wenn die wilde Flamme einmal lodert
Und alles grimmig durch einander ras't.
Ich kam, weil ich mich hier errathen glaubte,
Verstehst Du mich noch heute nicht? Darauf!

Etzel.
Nein, Kriemhild, nein, so ist es nicht gemeint!
So lang er unter meinem Dach verweilt,
Wird ihm kein Haar gekrümmt, ja, könnt' ich ihn
Durch bloße Wünsche tödten, wär' er sicher:
Was soll noch heilig sein, wenn nicht der Gast?
(Er winkt Rüdeger, dieser geht.)

Vierzehnte Scene.

Kriemhild.
So redest Du? Das wird Dir schlecht gedankt!
Man hält Dich für den Brecher und Verächter
Von Brauch und Sitte für den Hüter nicht,
Und wundert sich noch immer, wenn ein Bote
Von Dir erscheint, daß er mit Dir gesprochen
Und doch nicht Arm und Bein verloren hat.

Etzel.
Man sieht mich, wie ich war, nicht wie ich bin! —
Ich ritt einmal das Roß, von dem Dir Nachts
In dem gekrümmten, funkelnden Kometen
Am Himmel jetzt der Schweif entgegen blitzt.
Im Sturme trug es mich dahin, ich blies
Die Throne um, zerschlug die Königreiche
Und nahm die Könige an Stricken mit.
So kam ich, Alles vor mir niederwerfend,

15*

Und mit der Asche einer Welt bedeckt,
Nach Rom, wo Euer Hoherpriester thront.
Den hatt' ich bis zuletzt mir aufgespart,
Ich wollt ihn sammt der Schaar von Königen
In seinem eig'nen Tempel niederhauen,
Um durch dieß Zorngericht, an allen Häuptern
Der Völker, durch dieselbe Hand vollstreckt,
Zu zeigen, daß ich Herr der Herren sei,
Und mit dem Blute mir die Stirn zu salben,
Wozu ein jeder seinen Tropfen gab.

Kriemhild.

So hab' ich mir den Etzel stets gedacht,
Sonst hätt' Herr Rüdeger mich nicht geworben:
Was hat ihn denn verwandelt?

Etzel.

Ein Gesicht

Furchtbarer Art, das mich von Rom vertrieb.
Ich darf es Keinem sagen, doch es hat
Mich so getroffen, daß ich um den Segen
Des Greises flehte, welchem ich den Tod
Geschworen hatte und mich glücklich pries,
Den Fuß zu küssen, der den Heil'gen trug.

Kriemhild.

Was denkst Du denn zu thun, den Eid zu lösen?

Etzel (deutet gen Himmel).

Mein Roß steht immer noch gesattelt da,
Du weißt, es ist schon halb zum Stall heraus,
Und wenn sich's wieder wandte und den Kopf
In Wolken tief versteckte, so geschah's
Aus Mitleid und Erbarmen mit der Welt,
Die schon sein bloßer Schweif mit Schrecken füllt.
Denn seine Augen zünden Städte an,
Aus seinen Nüstern dampfen Pest und Tod,
Und wenn die Erde seine Hufen fühlt,
So zittert sie und hört zu zeugen auf.
Sobald ich winke, ist es wieder unten,
Und gern besteig' ich's in gerechter Sache
Zum zweiten Mal und führe Krieg für Dich.
Ich will Dich rächen an den Deinigen

Für all Dein Leid und hätt' es längst gethan,
Hätt'st Du Dich mir vertraut, nur müssen sie
In vollem Frieden erst geschieden sein.

Kriemhild.
Bis dahin aber dürften sie beginnen,
Was sie gelüstet und den Bart Dir rupfen,
Wenn's ihnen so gefällt?

Etzel.
      Wer sagt Dir das?

Kriemhild.
Sie stechen Deine Mannen todt und Du
Erklärst es für Verseh'n.

Etzel.
      Sie glaubten sich
Verrathen und ich mußte ihnen zeigen,
Daß sie's nicht sind. In dieser letzten Nacht
Geschah gar viel, was ich nicht loben kann
Und sie entschuldigt. Sonst verlaß Dich d'rauf:
Wie ich die Pflichten eines Wirthes kenne,
So kenn' ich die des Gastes auch, und wer
Den Spinnwebsfaden, der uns Alle bindet,
Wenn wir das Haus betreten, frech zerreißt,
Der trägt die Eisenkette, eh' er's denkt.
Sei unbesorgt und harre ruhig aus,
Ich bringe Dir für jeden Becher Wein,
Den sie hier trinken, eine Kanne Blut,
Wenn ich auch jetzt die Mücken für sie klatsche,
Nur duld' ich nicht Verrath und Hinterlist.

(Ab.)

Fünfzehnte Scene.

Kriemhild.
Krieg! Was soll mir der Krieg! Den hätt' ich längst
Entzünden können! Doch das wäre Lohn,
Anstatt der Strafe. Für die Schlächterei
Im dunklen Wald der off'ne Heldenkampf?
Vielleicht sogar der Sieg? Wie würd' er jubeln,
Wenn er's erlangen könnte, denn er hat

Von Jugend auf nichts Besseres gekannt!
Nein, Ekel, Mord um Mord! Der Drache sitzt
Im Loch, und wenn Du Dich nicht regen willst,
Als bis er Dich gestochen hat, wie mich,
So soll er's thun! — Ja wohl, so soll er's thun!
(Ab.)

Sechszehnte Scene.

(Werbel zieht mit den Seinigen vorüber.)

Werbel.
Sie sind bei Tisch! Nun rasch! Besetzt die Thüren,
Wer aus dem Fenster springt, der bricht den Hals.
(Die Hennen jubeln und schlagen die Waffen zusammen.)

Siebzehnte Scene.

Großer Saal. Bankett.

(Dietrich und Rüdeger treten ein.)

Dietrich.
Nun, Rüdeger?

Rüdeger.
Es steht in Gottes Hand,
Doch hoff' ich immer noch.

Dietrich.
Ich sitze wieder
Am Nixenbrunnen, wie in jener Nacht,
Und hör' in halbem Schlaf und wie im Traum
Das Wasser rauschen und die Worte fallen,
Bis plötzlich — Welch ein Räthsel ist die Welt!
Hätt' sich zur Unzeit nicht ein Tuch verschoben,
So wüßt' ich mehr, wie je ein Mensch gewußt!

Rüdeger.
Ein Tuch?

Dietrich.
Ja, der Verband um meinen Arm,
Denn eine frische Wunde hielt mich wach.
Sie pflogen d'runten Zwiesprach, schienen selbst
Den Mittelpunkt der Erde auszuhorchen,

Den Nabel, wie ich sie, und flüsterten
Sich zu, was sie erfuhren, zankten auch,
Wer recht verstanden oder nicht und raunten
Von Allerlei. Vom großen Sonnenjahr,
Das über alles menschliche Gedächtniß
Hinaus in langen Pausen wiederkehrt.
Vom Schöpfungsborn, und wie er kocht und quillt
Und überschäumt in Millionen Blasen,
Wenn das erscheint. Von einem letzten Herbst,
Der alle Formen der Natur zerbricht,
Und einem Frühling, welcher bess're bringt.
Von Alt und Neu, und wie sie blutig ringen,
Als Ein's erliegt. Vom Menschen, der die Kraft
Des Leuen sich erbeuten muß, wenn nicht
Der Leu des Menschen Witz erobern soll.
Sogar von Sternen, die den Stand verändern,
Die Bahnen wechseln und die Lichter tauschen,
Und wovon nicht!

     Rüdeger.
  Allein das Tuch! Das Tuch!

     Dietrich.
Sogleich! Du wirst schon seh'n. Dann kamen sie
Auf Ort und Zeit, und um so wichtiger
Die Kunde wurde, um so leiser wurde
Das Flüstern, um so gieriger mein Ohr.
Wann tritt dieß Jahr denn ein? So fragt' ich mich
Und bückte mich hinunter in den Brunnen
Und horchte auf. Schon hört' ich eine Zahl
Und hielt den Odem an. Doch da erscholl
Ein jäher Schrei: Hier fällt ein Tropfen Blut's,
Man lauscht! Hinab! Husch, husch! Und Alles aus.

     Rüdeger.
Und dieser Tropfen?

     Dietrich.
  War von meinem Arm,
Ich hatte, aufgestützt, das Tuch verschoben
Und kam so um das Beste, um den Schlüssel,
Jetzt aber, fürcht' ich, brauch' ich ihn nicht mehr!

Achtzehnte Scene.

(Die Nibelungen treten ein, von Iring und Thüring geführt. Zahlreiches Gefolge.)

Rüdeger.

Sie kommen.

Dietrich.

Wie zur Schlacht.

Rüdeger.

Nur Nichts bemerkt.

Hagen.

Ihr lebt hier still, Herr Dietrich. Wie vertreibt
Ihr Euch die Zeit?

Dietrich.

Durch Jagd und Waffenspiel.

Hagen.

Doch! Davon hab' ich heut nicht viel erblickt.

Dietrich

Wir haben einen Todten zu begraben.

Hagen.

Ist's der, den Volker aus Verseh'n erstach?
Wann wird das sein? Da dürfen wir nicht fehlen,
Um Reu' und Leid zu zeigen.

Dietrich.

Wir erlassen's
Euch gern.

Hagen.

Nein, nein! wir folgen!

Dietrich.

Still! Der König!

Neunzehnte Scene.

(Etzel tritt mit Kriemhild ein.)

Etzel.

Auch hier in Waffen?

Hagen.

Immer.

Kriemhild.
Das Gewissen
Verlangt es so.
Hagen.
Dank, edle Wirthin, Dank!
Etzel (setzt sich).
Gefällt es Euch?
Kriemhild.
Ich bitte, wie es kommt.
Gunther.
Wo sind denn meine Knechte?
Kriemhild.
Wohl versorgt.
Hagen.
Mein Bruder steht für sie.
Etzel.
Und ich, ich stehe
Für meinen Koch.
Dietrich.
Das ist das Wichtigste!
Hagen.
Der leistet wirklich viel. Ich hörte oft,
Der Heune haue vom lebend'gen Ochsen
Sich eine Keule ab und reite sich
Sie mürbe unter'm Sattel —
Etzel.
Das geschieht,
Wenn er zu Pferde sitzt und wenn's an Zeit
Gebricht, ein lust'ges Feuer anzumachen.
Im Frieden sorgt auch er für seinen Gaumen
Und nicht bloß für den undankbaren Bauch.
Hagen.
Schon gestern Abend hab' ich das bemerkt.
Und solch ein Saal dabei! Auf dieser Erde
Kommt Nichts dem himmlischen Gewölb so nah,
Man sieht sich um nach dem Planetentanz.
Etzel.
Den haben wir nun freilich nicht gebaut!
Es ging mir wunderlich auf meinem Zug:

Als ich ihn antrat, war ich völlig blind,
Ich schonte Nichts, ob Scheune oder Tempel,
Dorf oder Stadt, ich warf den Brand hinein.
Doch als ich wiederkehrte, konnt' ich seh'n,
Und halbe Trümmer, um die letzte Stunde
Mit Sturm und Regen kämpfend, drangen mir
Das Staunen ab, das ich dem Bau versagt,
Als er noch stand in seiner vollen Pracht.
Volker.
Das ist natürlich. Sieht man doch den Todten
Auch anders an, als den Lebendigen,
Und gräbt ihm mit demselben Schwert ein Grab,
Mit dem man kurz zuvor ihn niederhieb.
Etzel.
So hatt' ich auch dieß Wunderwerk zerstört
Und fluchte meiner eig'nen Hand, als ich's
Im Schutt nach Jahren wieder vor mir sah.
Da aber trat ein Mann zu mir heran,
Der sprach: Ich hab's das erste Mal erbaut,
Es wird mir auch das zweite Mal wohl glücken!
Den nahm ich mit und darum steht es hier.

Zwanzigste Scene.

(Ein Pilgrim tritt ein, umwandelt die Tafel und bleibt bei Hagen stehen.)

Pilgrim.

Ich bitt' Euch um ein Brod und einen Schlag,
Das Brod für Gott den Herrn, der mich geschaffen,
Den Schlag für meine eig'ne Missethat.

(Hagen reicht ihm ein Brod.)

Ich bitt'! Mich hungert und ich darf's nicht essen
Bevor ich auch den Schlag von Euch empfing.

Hagen.

Seltsam!

(Gibt ihm einen sanften Schlag. Pilgrim geht.)

Einundzwanzigste Scene.

Hagen.

Was war denn das?

Dietrich.

Was meint Ihr wohl?

Hagen.
Verrückt?
Dietrich.
Nicht doch! Ein stolzer Herzog ist's.
Hagen.
Wie kann das sein?
Dietrich.
Ein hoher Thron steht leer,
So lang er pilgert, und ein edles Weib
Sieht nach ihm aus.
Hagen (lacht).
Die Welt verändert sich.
Rüdeger.
Man sagt, er sei schon einmal heimgezogen
Und an der Schwelle wieder umgekehrt.
Hagen.
Fort mit dem Narren! Käm' er noch einmal,
So weckt' ich rasch mit einem andern Schlag
Den Fürsten in ihm auf.
Dietrich.
Es ist doch was!
Zehn Jahre sind herum, und endlich kommt er
Des Abends auf sein Schloß. Schon brennt das Licht,
Er sieht sein Weib, sein Kind, er hebt den Finger,
Um anzupochen, da ergreift es ihn,
Daß er des Glückes noch nicht würdig ist,
Und leise, seinem Hund, der ihn begrüßt,
Den Mund verschließend, schleicht er wieder fort,
Um noch einmal die lange Fahrt zu machen,
Von Pferdestall zu Pferdestall sich bettelnd
Und, wo man ihn mit Füßen tritt, verweilend,
Bis man ihn küßt und an den Busen drückt.
Es ist doch was!
Hagen (lacht).
Ha, ha! Ihr sprecht, wie unser
Kaplan am Rhein!
Etzel.
Wo bleiben aber heut
Die Geiger nur?

Kriemhild.
Es ist ja einer da,
Der alle Andern zum Verstummen bringt.
So spielt denn auf, Herr Volker!
Volker.
Sei's darum,
Nur sagt mir, was Ihr hören wollt.
Kriemhild.
Sogleich.
(Sie winkt einem Diener, welcher abgeht.)
Giselher (erhebt den Becher und trinkt).
Schwester!
Kriemhild (gießt ihren Becher aus, zu Rüdeger).
Du hast Dein Haar zu lieb gehabt,
Jetzt wirst Du mehr verlieren!

Zweiundzwanzigste Scene.

(Ortnit wird von vier Reisigen auf goldenem Schild hereingetragen.)
Etzel.
Das ist recht!
Kriemhild.
Seht Ihr dieß Kind, das mehr der Kronen erbt,
Als es auf einmal Kirschen essen kann?
So singt und spielt zu seinem Ruhm und Preis.
Etzel.
Nun, Vettern? Ist der Junker groß genug
Für seine Jahre?
Hagen.
Gebt ihn erst herum,
Daß wir ihn recht beseh'n.
Kriemhild (zu Ortnit).
Mach' Du den Hof,
Bis man ihn Dir macht.
(Ortnit wird herumgegeben; wie er zu Hagen kommt:)
Etzel.
Nun?
Hagen.
Ich möchte schwören,
Er lebt nicht lange!

Etzel.
Ist er denn nicht stark?

Hagen.
Ihr wißt, ich bin ein Elfenkind und habe
Davon die Todtenaugen, die so schrecken,
Doch auch das doppelte Gesicht. Wir werden
Bei diesem Junker nie zu Hofe geh'n.

Kriemhild.
Ist dieß das Lied? Da spricht wohl nur Dein Wunsch!
Macht Ihr es gut, Herr Volker, stimmt nicht länger,
Der junge König nimmt's noch nicht genau.

Dreiundzwanzigste Scene.

(Dankwart tritt in blutbedecktem Panzer ein.)

Dankwart.
Nun, Bruder Hagen, nun? Ihr bleibt ja lange
Bei Tische sitzen! Schmeckt's denn heut so gut?
Nur immer zu, die Zeche ist bezahlt!

Gunther.
Was ist gescheh'n?

Dankwart.
Von allen den Burgunden,
Die Ihr mir anvertrautet, ist nicht Einer
Am Leben mehr. Das war für Euren Wein.

Hagen (steht auf und zieht. Getümmel.)
Und Du?

Kriemhild.
Das Kind! Mein Kind!

Hagen (sich über Ortnit lehnend zu Dankwart).
Du triefst von Blut!

Kriemhild.
Er bringt es um!

Dankwart.
Das ist nur rother Regen,
(Er wischt sich das Blut ab.)
Du siehst, es quillt nicht nach, doch alle Andern
Sind hin.

Kriemhild.

Herr Rüdeger! Helft!

Hagen (schlägt Ortnit den Kopf herunter).

Hier, Mutter, hier! —
Dankwart, zur Thür!

Volker.

Auch da ist noch ein Loch!

(Dankwart und Volker besetzen beide Thüren des Saales.)

Hagen (springt auf den Tisch).

Nun, laßt denn seh'n, wer Todtengräber ist.

Etzel.

Ich! — Folgt mir!

Dietrich (zu Volker).

Platz dem König!

(Etzel und Kriemhild schreiten hindurch, Rüdeger, Hildebrant, Iring und Thüring folgen; als sich auch Andere anschließen:)

Volker.

Ihr zurück!

Etzel (in der Thür).

Ich wußte Nichts vom Mord an Euren Knechten
Und hätt' ihn so bestraft, daß Ihr mir selbst
In's Schwert gefallen wär't. Dieß schwör' ich Euch!
Dieß aber auch: Jetzt seid Ihr aus dem Frieden
Der Welt gesetzt und habt zugleich die Rechte
Des Krieg's verwirkt! Wie ich aus meiner Wüste
Hervorbrach, unbekannt mit Brauch und Sitte,
Wie Feuer und Wasser, die vor weißen Fahnen
Nicht stehen bleiben und gefalt'ne Hände
Nicht achten, räch' ich meinen Sohn an Euch
Und auch mein Weib. Ihr werdet diesen Saal
Nicht mehr verlassen, Ihr, Herr Dieterich,
Bürgt mir dafür, doch was den Heunenkönig
Auf dieser Erde einst so furchtbar machte,
Das sollt Ihr seh'n in seinem engen Raum!

(Ab. Allgemeiner Kampf.)

Fünfter Act.

Vor dem Saal. Brand, Feuer und Rauch. Er ist rings mit Amelungen-
schützen umstellt. Zu dem Saale führen von beiden Seiten breite Stiegen
hinauf, die in einem Balkon zusammenstoßen.

Erste Scene.

(Hildebrant, Dietrich.)

Hildebrant.
Wie lange soll der Jammer denn noch dauern?
Dietrich.
So lange, fürcht' ich, bis der Letzte fiel.
Hildebrant.
Sie werden Herr des Feuers. Seht nur, seht!
Schon schluckt der Rauch die lichte Flamme ein.
Dietrich.
Dann löschen sie mit Blut.
Hildebrant.
Sie waten d'rin
Bis an das Knie und können ihre Helme
Als Eimer brauchen.

Zweite Scene.

(Die Thür des Saales wird aufgerissen, Hagen erscheint.)

Hagen.
Puh!
(Kehrt sich um.)
Wer lebt, der ruft!
Hildebrant.
Der edle Hagen, dem Ersticken nah'!
Er taumelt!
Dietrich.
Etzel, Du bist fürchterlich!
Das Schreckgesicht, das Du geseh'n am Himmel,
Das stellst Du wohl auf Erden vor uns hin.

Hagen.
Komm, Giselher, hier giebt es frische Luft!
Giselher (von innen).
Ich finde nicht!
Hagen.
So taste an der Mauer,
Und folge meiner Stimme.
(Tritt halb in den Saal zurück.)
Falle nicht,
Da ist der Todtenberg!
(Führt Giselher heraus.)
Giselher.
Ha! — das erquickt!
Ich lag schon! Dieser Qualm! Noch eher Glut!

Dritte Scene.

(Gunther, Dankwart und Gerenot erscheinen mit Rumolt in ihrer Mitte.)

Gunther.
Da ist das Loch.
Dankwart.
Schnell! Schnell!
Gerenot (aufathmend.)
Das ist was werth!
Gunther (zu Rumolt, der zu fallen anfängt.)
Dem hilft's nicht mehr.
Hagen.
Todt?
Dankwart.
Küchenmeister, auf! —
Vorbei!
Giselher.
Durst, Durst!
Hagen.
Ei, geh' doch in die Schenke
Zurück, an rothem Wein gebricht's ja nicht,
Noch sprudelt manches Faß.

Hildebrant.
Versteht Ihr das?
(Deutet auf den Todtenwinkel.)
Die ausgelauf'nen Fässer liegen dort!

Dietrich.
Gott helfe uns!

Hagen.
Ein Glück nur, daß der Saal
Gewölbt ist. Ohne diesen Ziegelrand,
Der uns beschirmte vor dem Kupferregen,
Hätt' Alles nichts geholfen.

Gunther.
Brät'st Du nicht
In Deinem Eisen?

Hagen.
Stell' Dich an den Wind,
Jetzt können wir ihn brauchen.

Gunther.
Weht's denn noch?

Vierte Scene.

Kriemhild (aus einem Fenster).
Nun, Waffenmeister?

Hildebrant.
Schießt!
(Die Schützen erheben ihre Bogen.)

Hagen.
Ich decke Euch!
(Er erhebt seinen Schild, dieser entfällt ihm und rollt die Treppe herunter.)
Hinein!
(Ruft herab.)
Besieht den Schild, bevor Ihr lacht!
Er ward nur schwerer, doch mein Arm nicht schwächer,
Denn alle Eure Speere stecken d'rin.
(Folgt den Uebrigen.)

Fünfte Scene.

Hildebrant.
Ich halt' es nicht mehr aus. Wollt Ihr denn nicht
Ein Ende machen?

Dietrich.
Ich? Wie könnt' ich das?
Ich bin des Königs Mann, und um so eher
Verpflichtet, treu zu bleiben, als ich mich
Freiwillig und aus bloßem Herzensdrang
Ihm unterwarf!

Hildebrant.
Vergeßt nicht!

Dietrich.
Davon Nichts.

Hildebrant.
Die Zeit ist abgelaufen, die Ihr selbst
Euch setztet, im Gehorsam Euch zu üben,
Und Eure Zeugen leben!

Dietrich.
Heute das?

Hildebrant.
Heut' oder nie! Die Helden können sterben,
Die Gott bis jetzt so wunderbar verschont.

Dietrich.
Dann soll ich eben bleiben, was ich bin!
Das setzt' ich mir zum Zeichen, wie Du weißt,
Ob ich die Krone wieder tragen, oder
Bis an den Tod zu Lehen gehen soll,
Und ich, ich bin zu Beidem gleich bereit.

Hildebrant.
Nun, wenn Ihr selber schweigt, so rede ich!

Dietrich.
Das thust Du nicht! Auch bessertest Du Nichts!
(Legt ihm die Hand auf die Schulter.)
Mein Hildebrant, wenn eine Feuersbrunst
Im Haus entsteht, so kehrt der Knecht noch um,

Der seiner Pflicht gerade ledig ward,
Und hätt' er schon die Schwelle überschritten:
Er zieht die Feierkleider wieder aus
Und wirft sein Bündel hin, um mit zu löschen,
Und ich, ich zöge ab am jüngsten Tag?

Hildebrant.
Sie werfen wieder Todte aus den Fenstern,
Herr, endigt jetzt! Der Teufel hat genug!

Dietrich.
Wenn ich auch wollte, wie vermöcht' ich's wohl?
Hier hat sich Schuld in Schuld zu fest verbissen,
Als daß man noch zu Einem sagen könnte:
Tritt Du zurück! Sie stehen gleich im Recht.
Wenn sich die Rache nicht von selbst erbricht
Und sich vom letzten Brocken schaudernd wendet,
So stopft ihr Keiner mehr den grausen Schlund.

Hildebrant (ist auf die Seite gegangen und kehrt zurück).
Nun folgen unf're Edlen endlich auch
Den armen Knechten nach. Die Meisten sind
Nur noch an ihrem Panzer zu erkennen,
Der tapf're Iring flog der Schaar voran.
Herr, geht nicht hin, Ihr könnt ihn doch nicht küssen,
Sein Kopf ist ganz verkohlt.

Dietrich.
Das treue Blut!
(Hagen wird oben wieder sichtbar.)
Hildebrant.
Hagen noch einmal.

Sechste Scene.

(Kriemhild tritt auf.)

Kriemhild.
Schießt!
(Hagen verschwindet wieder.)
Wie Viele leben
Denn noch?

Hildebrant (deutet auf den Todtenwinkel).
Wie viele todt sind, siehst Du hier!

16*

Dietrich.

Alle Burgunden, die in's Land gezogen,
Sind auch gefallen —

Kriemhild.

Aber Hagen lebt!

Dietrich.

An siebentausend Hennen liegen dort —

Kriemhild.

Und Hagen lebt!

Dietrich.

Der stolze Iring fiel.

Kriemhild.

Und Hagen lebt!

Dietrich.

Der milde Thüring auch,
Irnfried und Blödel und die Völker mit.

Kriemhild.

Und Hagen lebt! Schließt Eure Rechnung ab,
Und wär't Ihr selbst darin die letzten Posten,
Die ganze Welt bezahlt mich nicht für ihn.

Hildebrant.

Unhold!

Kriemhild.

Was schiltst Du mich? Doch schilt mich nur
Du triffst, was Du gewiß nicht treffen willst,
Denn was ich bin, das wurde ich durch die,
Die Ihr der Strafe gern entziehen möchtet,
Und wenn ich Blut vergieße, bis die Erde
Ertrinkt, und einen Berg von Leichen thürme,
Bis man sie auf den Mond begraben kann,
So häuf' ich ihre Schuld, die meine nicht.
O, zeigt mir nur mein Bild! Ich schaudr'e nicht
Davor zurück, denn jeder Zug verklagt
Die Basilisken dort, nicht mich. Sie haben
Mir die Gedanken umgefärbt. Bin ich
Verrätherisch und falsch? Sie lehrten mich,
Wie man den Helden in die Falle lockt.
Und bin ich für des Mitleid's Stimme taub?
Sie waren's, als sogar der Stein zerschmolz.

Ich bin in Allem nur ihr Widerschein,
Und wer den Teufel haßt, der spuckt den Spiegel
Nicht an, den er befleckt mit seiner Larve,
Er schlägt ihn selbst und jagt ihn aus der Welt.

Siebente Scene.

(Hagen erscheint wieder.)

Hagen.

Ist König Etzel hier?

Kriemhild.
Ich sprech' für ihn.
Was wollt Ihr?

Hagen.
Off'nen Kampf in freier Luft.

Kriemhild.
Das weigr' ich Euch, und wär's nach mir gegangen,
So gäb's auch d'rinnen keinen Kampf, als den
Mit Hunger und Durst und Feuer!

Dietrich.
Der König selbst!

Achte Scene.

(Etzel tritt auf.)

Hagen.
Herr Etzel, ist's gescheh'n mit Eurem Willen,
Daß man den Saal in Brand gesteckt, als wir
Die Wunden uns verbanden?

Etzel.
Habt Ihr uns
Die Todten ausgeliefert? Habt Ihr mir
Nicht selbst mein Kind verweigert?

Dietrich.
Das war schlimm!

Etzel.
Wir pflegen uns're Todten zu verbrennen!
Wenn Euch das unbekannt gewesen ist,
So wißt Ihr's jetzt.

Hagen.
Dann seid Ihr quitt mit uns!
Gewährt uns denn, was Ihr nicht weigern könnt,
Wenn Ihr den größten Schimpf nicht wagen wollt.

Kriemhild.
Der größte Schimpf ist, Euch das Ohr zu leih'n.
Schießt! Schießt!

Hagen.
Trägt sie die Krone?

Etzel.
Was wollt Ihr mehr?
Ich legte Euer Loos in Schwesterhand.

Kriemhild.
Die Todten hielten sie als Pfand zurück,
Um auch die Lebenden hinein zu locken,
Die nicht aus Thorheit kamen.

Etzel.
Stamm um Stamm!
Sie haben meinen ausgelöscht, sie sollen
Auch selbst nicht fortbesteh'n.

(Hagen verschwindet wieder.)

Kriemhild.
Was gibt's denn hier?
Der alte Rüdeger in Wuth!

Neunte Scene.

(Rüdeger jagt einen Hennen über die Bühne und schlägt ihn mit der Faust zu Boden.)

Rüdeger.
Da liege
Und spei' noch einmal Gift.

Etzel.
Herr Rüdeger,
Ihr helft dem Feind? Wir haben der Erschlag'nen
Auch ohne Euch genug.

Kriemhild.
Was hat der Mann
Gethan?

Rüdeger (zu Etzel).
Bin ich Dein bloßer Zungenfreund?
Schnapp' ich nach Gaben, wie der Hund nach Fleisch?
Trag' ich den Sack, der keinen Boden hat,
Und obendrein ein festgeleimtes Schwert?
Etzel.
Wer sagt denn das?
Rüdeger.
Wenn man's nicht sagen darf,
So schilt mich nicht, daß ich den Buben strafte:
Der warf mir das soeben in's Gesicht,
Als ich mit Thränen all des Jammers dachte,
Den diese Sonnenwende uns bescheert,
Und brüllend stimmte ihm sein Haufe bei.
Kriemhild.
So stand ein ganzer Haufe hinter ihm?
Herr Rüdeger, die Strafe war zu hart,
Denn Viele, wenn nicht Alle, denken so,
Und eine beff're Antwort wär's gewesen,
Wenn Ihr sogleich das Schwert gezogen hättet,
Um auf die Nibelungen einzuhau'n.
Rüdeger.
Ich? Hab' ich sie nicht selbst in's Land gebracht?
Etzel.
D'rum eben ist's an Dir, sie fortzuschaffen.
Rüdeger.
Nein, König, das begehrst Du nicht von mir!
Du hast mir kaum gestattet, Dir die Dienste
Zu leisten, die ich Dir entgegen trug,
Und solltest fordern, was ich weigern müßte,
Und hinge Haut und Haar und Alles d'ran?
Ich kann und will sie nicht vertheidigen,
Doch hab' ich sie auf Treue hergeführt,
Und darf ich sie nicht schützen gegen Dich,
So leih' ich Dir doch auch nicht meinen Arm.
Kriemhild.
Du thust, als wärst Du noch ein freier Mann
Und könntest Dich entscheiden, wie Du willst!

Rüdeger.

Kann ich's denn nicht? Was hindert mich, wenn ich
Die Lehen niederlege?

Kriemhild.

Was? — Dein Eid!
Du bist bis an den letzten Odemzug
Mein Knecht, und darfst mir keinen Dienst verweigern,
Wohlan denn, dieser ist es, den ich will.

Rüdeger.

Ich kann nicht sagen, daß Du lügst, und doch
Ist's nicht viel besser, denn ein and'res Weib
Hat meinen Eid gefordert und erhalten,
Ein and'res aber legt ihn heute aus.

Etzel.

Du sprichst von Treue, Rüdeger. Ich darf
Dich wohl zum Zeugen nehmen, daß ich sie
Heilig zu halten weiß. Doch, gilt das hier?
Sie stehen jenseits der Natur und brauchen
Als Waffe, was im Abgrund still versank,
Eh' sich der Bau der Welt zusammen schloß.
Sie werfen uns den Koth der Elemente,
Der, ausgeschieden, unten sitzen blieb,
Als sich die Kugel rundete, hinein.
Sie reißen alle Nägel aus und sägen
Die Balken durch. Da mußt auch Du den Damm
Wohl überspringen, wenn Du helfen willst.

Kriemhild.

So ist's. Der gift'ge Degen ist die Schande
Des Ersten, doch der Zweite schwingt ihn frei!

Rüdeger.

Es mag so sein, es ist gewiß auch so,
Ich will mit Euch nicht streiten. Doch bedenkt:
Ich habe sie mit Wein und Brot begrüßt.
Als sie die Donaugrenze überschritten,
Und sie geleitet bis zu Eurer Schwelle,
Kann ich das Schwert wohl gegen sie erheben,
Nun sie in ihren größten Nöthen sind?
Wenn alle Arme, die man zählt auf Erden,
Im allgemeinen Aufstand der Natur

Sich gegen sie bewaffneten, wenn Messer
Und Sensen blitzten und die Steine flögen,
So fühlte ich mich immer noch gebunden,
Und höchstens stände mir ein Spaten an.

          Etzel.
Ich hab' Dich auch geschont, so lang' ich konnte,
Und ruf' Dich ganz zuletzt.

          Rüdeger.
               Barmherzigkeit!
Was soll ich sagen, wenn mein Eidam mir,
Der junge Giselher, entgegen tritt
Und mir die Hand zum Gruße beut? Und wenn
Mein Alter seine Jugend überwindet,
Wie tret' ich wohl vor meine Tochter hin?
          (Zu Kriemhild.)
Dich treibt der Schmerz um den Verlorenen,
Willst Du ihn auf ein Kind, das liebt, wie Du,
Und Nichts verbrach, vererben und es tödten?
Das thust Du, wenn Du mich zum Rächer wählst,
Denn wie das blut'ge Loos auch fallen mag,
Ihr wird der Sieger immer mit begraben,
Und keiner von uns beiden darf zurück.

          Kriemhild.
Das Alles hättest Du erwägen sollen,
Bevor der Bund geschlossen ward. Du wußtest,
Was Du geschworen!

          Rüdeger.
               Nein, ich wußt' es nicht
Und, beim allmächt'gen Gott, Du hast es selbst
Noch weniger gewußt. Das ganze Land
War Deines Preises voll. In Deinem Auge
Sah ich die erste Thräne und zugleich
Die letzte auch, denn alle andern hattest
Du abgewischt mit Deiner milden Hand.
Wohin ich trat, da segnete man Dich,
Kein Kind ging schlafen, ohne Dein zu denken,
Kein Becher ward geleert, Du hattest ihn
Gefüllt, kein Brot gebrochen und vertheilt,
Es kam aus Deinem Korb: wie konnt' ich glauben,

Daß diese Stunde folgte! Eher hätt' ich
Bedächtig vor dem Cid den eig'nen Hals
Mir ausbedungen, als die Sicherheit
Der Kön'ge, Deiner Brüder. Wär's Dir selbst
Wohl in den Sinn gekommen, wenn Du sie
Im Kreis um Deine alte graue Mutter
Versammelt sahst, um in den Dom zu geh'n,
Daß Du dereinst ihr Leben fordern würdest?
Wie sollte ich's denn ahnen und den Ersten
Und Edelsten der Jünglinge verschmäh'n,
Als er um meine Tochter warb?

Kriemhild.

Ich will
Ihr Leben auch noch heute nicht! Die Thür
Steht offen für sie Alle bis auf Einen:
Wenn sie die Waffen drinnen lassen wollen
Und draußen Frieden schwören wollen, sind sie frei.
Geh' hin und rufe sie zum letzten Mal.

Zehnte Scene.

(Giselher erscheint oben.)

Giselher.

Bist Du es, Schwester? Habe doch Erbarmen
Mit meinem jungen Leib.

Kriemhild.

Komm' nur herab!
Wer jetzt beim Mahle sitzt, und wär' er noch
So hungrig, soll Dir weichen, und ich selbst
Kredenze Dir des Kellers kühlsten Trunk!

Giselher.

Ich kann ja nicht allein.

Kriemhild.

So bringe mit
Was Ute wiegte, daß sie nicht mit Schmerz
Begraben muß, was sie mit Lust gebar.

Giselher.

Wir sind noch mehr.

Kriemhild.
Du wagst, mich d'ran zu mahnen?
Nun ist die Gnadenzeit vorbei, und wer
Noch Schonung will, der schlage erst das Haupt
Des Tronjers ab und zeig's!
Giselher.
Mich reut mein Wort.
(Verschwindet wieder.)

Elfte Scene.
Rüdeger.
Du siehst!
Kriemhild.
Das eben ist's, was mich empört!
Heut sind sie untreu, morgen wieder treu:
Das Blut des Edelsten vergleßen sie,
Wie schmutz'ges Wasser, und den Höllengischt,
Der in den Adern dieses Teufels kocht,
Bewachen sie bis auf den letzten Tropfen,
Als wär' er aus dem heil'gen Graal geschöpft.
Das konnt' ich auch nicht ahnen, als ich sie
So mit einander hadern sah. Mein Grab
Im Kloster war nicht still genug, daß ich
Den ew'gen Zank nicht hörte: konnt' ich denken,
Daß sie, die sich das Brot vergifteten,
Sich hier so dicht zusammen knäueln würden,
Als hingen sie an einer Nabelschnur?
Gleichviel! Der grimm'ge Mörder sprach am Sarg
Zu bitt'rem Hohn zu mir: Dein Siegfried war
Vom Drachen nicht zu trennen und man schlägt
Die Drachen todt. Das wiederhol' ich jetzt!
Ich schlag' den Drachen todt und Jeden mit,
Der sich zu ihm gesellt und ihn beschirmt.
Etzel.
Ihr habt den Kampf verlangt, als ich gebot,
Sie mit den stillen Schrecken einzuschließen,
Die nach und nach aus allen Wänden kriechen
Und wachsen, wie der Tag — Ihr habt den Hunger
Beneidet um sein Todtengräberamt,

Als ich's ihm übertrug, und statt zu lachen,
Wie die Verlor'nen Euch aus List verhöhnten,
Um Euch hinein zu locken, Eure Wappen
Empor gehalten und durch's erste Murren
Ein Ja von mir ertrotzt. Nun fechtet's aus!
Ich werd's auch an mir selbst nicht fehlen lassen,
Wenn mich die Reihe trifft, denn Wort ist Wort.
Rüdeger.
So schwer, wie ich, ward noch kein Mensch geprüft,
Denn was ich thun und was ich lassen mag,
So thu' ich bös und werde d'rob gescholten,
Und lass' ich Alles, schilt mich Jedermann.
(Aus dem Saal heraus Becherklang.)
Kriemhild.
Was ist denn das? Es tönt wie Becherklang!
(Hildebrant steigt hinauf.)
Mich dünkt, sie hören uns! Das ist die Art
Der Fröhlichen. Sie scheppern mit den Helmen
Und stoßen an.
Hildebrant.
    Nur einen Blick hinein,
So bist Du stumm! Sie sitzen auf den Todten
Und trinken Blut.
Kriemhild.
  Sie trinken aber doch!
Hildebrant
Rührt Dich denn Nichts? Noch niemals standen Männer
Zusammen, wie die Nibelungen hier,
Und was sie auch verbrochen haben mögen,
Sie haben's gut gemacht durch diesen Muth
Und diese Treue, die sie doppelt ehrt,
Wenn's ist, wie Du gesagt!
Rüdeger.
    Mein Herr und König,
Du hast mich so mit Gaben überschüttet
Und mir den Dank dafür so ganz erlassen,
Daß Dir kein Knecht verpflichtet ist, wie ich.
Kriemhild, ich habe Dir den Eid geschworen
Und muß ihn halten, das erklär' ich laut

Für meine Pflicht und wanke nicht daran.
Wenn Ihr mich dennoch niederknieen seht,
So denkt des Hirsches, der in höchster Noth
Sich auch noch gegen seinen Jäger wendet,
Und ihm die einz'ge blut'ge Thräne zeigt,
Die er auf dieser Erde weinen darf,
Ob er vielleicht Erbarmen in ihm weckt.
Ich flehe nicht um Gold und Goldeswerth,
Nicht um mein Leben oder meinen Leib,
Nicht einmal um mein Weib und um mein Kind,
Das Alles fahre hin, ich fleh' zu Euch
Um meine Seele, die verloren ist,
Wenn Ihr mich nicht von diesem Eide lös't.
(Zu Etzel.)
Ich biete nicht, was Dir von selbst verfällt,
Wenn des Vasallen Zunge auch nur stockt,
Und wenn sein Auge nicht vor Freuden funkelt,
Sobald Du winkst: mein Land ist wieder Dein!
(Zu Kriemhild.)
Ich sage nicht: wenn Du mein Leben willst,
So nimm es hin, und wenn Du meinen Leib
Verlangst, so spann' mich morgen vor den Pflug!
(Zu Beiden.)
Ich biete mehr, obgleich dies Alles scheint,
Was Einer bieten kann: wenn Ihr es mir
Erlaßt, den Arm in diesem Kampf zu brauchen,
Soll er mir sein, als hätt' ich ihn nicht mehr.
Wenn man mich schlägt, so will ich mich nicht wehren,
Wenn man mein Weib beschimpft, sie nicht beschützen,
Und wie ein Greis, den die gewalt'ge Zeit
Von seinem Schwerte schied, in voller Kraft
An einem Bettelstab die Welt durchzieh'n.

Kriemhild.
Du thust mir leid, allein Du mußt hinein!
Glaubst Du, daß ich die Seele rettete,
Als ich nach einem Kampf, dem keiner gleicht,
Mit Etzel in das zweite Eh'bett stieg?
O sei gewiß, der kurze Augenblick,
Wo ich den Frauengürtel lösen sollte,
Und fest und immer fester um mich knüpfte,

Bis er ihn zornig mit dem Dolch zerschnitt,
Der Augenblick enthielt der Martern mehr,
Als dieser Saal mit allen seinen Schrecken,
Mit Glut und Brand, mit Hunger, Durst und Tod.
Und wenn ich endlich überwand im Kampf
Und, statt den Dolch zu rauben und zu tödten,
Gleichviel, ob mich, ob ihn, sein Bett beschritt,
So war's Dein Eid, der mir die Kraft verlieh,
So war es dieser Tag, auf den ich hoffte,
Und diese Stunde, die ihn krönen muß.
Nun sollt' es enden, wie ein Possenspiel,
Ich hätt' mich selbst als Opfer dargebracht
Und sollte doch verzichten auf den Preis?
Nein, nein, und müßte ich der ganzen Welt
Zur Ader lassen, bis zur jüngsten Taube
Herunter, die das Nest noch nicht verließ,
Ich schauderte auch davor nicht zurück.
D'rum, Markgraf Rüdeger, besinnt Euch nicht,
Ihr müßt, wie ich, und wenn Ihr fluchen wollt,
So flucht auf die, sie zwingen Euch, wie mich.

Rüdeger (zu den Seinen).
So kommt!
Kriemhild.
Erst noch die Hand.
Rüdeger.
Beim Wiedersehn.
Hildebrant.
Herr Dietrich von Bern, jetzt mahn' ich Euch!
Werft Euren schnöden Wächterspieß bei Seite
Und schreitet ein, wie's einem König ziemt.
Zurück noch, Rüdeger, er darf's und kann's,
Er trat auf sieben Jahr in Etzel's Dienst,
Und die sind um, es galt nur ein Gelübde,
Und wer's nicht glaubt, dem stell' ich Zeugen auf.
Etzel.
Dein Wort genügt.
Dietrich
(der die Schwurfinger in die Höhe hob, während Hildebrant sprach).
So war's, mein Herr und König,
Doch weiß mein alter Waffenmeister nicht,

Daß ich's im Stillen neu beschworen habe,
Indem er sprach, und diesmal bis zum Tod.

    Hildebrant (tritt Rüdeger aus dem Wege).
So zieht! Doch reicht mir noch zum letzten Mal
Die Hand, denn niemals wird es mehr gescheh'n,
Ob Ihr nun siegen oder fallen mögt.

      Rüdeger.
Herr Etzel, Euch befehl' ich Weib und Kind
Und auch die armen Land'svertriebenen,
Denn was Ihr selbst an mir gethan im Großen,
Das hab' ich Euch im Kleinen nachgemacht.

Zwölfte Scene.

(Hagen und die Nibelungen schauen aus, wie Rüdeger mit den Seinigen emporsteigt.)

      Giselher.
Es gibt noch Frieden. Seht Ihr? Rüdeger!
      Hagen.
Es gilt den letzten und den schwersten Kampf,
Jetzt soll sich würgen, was sich liebt.
      Giselher.
          Du meinst?
      Hagen.
Trat die Versöhnung je in Eisen auf?
Braucht man den Panzer, um sich zu umarmen,
Treibt man die Küsse mit den Schwertern ein,
Und nimmt man all sein Volk als Zeugen mit?
      Giselher.
Wir tauschten Alle in Bechlarn die Waffen,
Ich trag' die seinen, er die meinigen,
Und das geschieht in aller Welt doch nur,
Wenn man sich niemals wieder schlagen will.
      Hagen.
Hier gilt das nicht. Nein, reicht Euch nur die Hände
Und sagt Euch gute Nacht. Wir sind am Ziel.
    Giselher (tritt Rüdeger entgegen).
Willkommen!

Rüdeger.
Ich bin taub! — Musik! Musik!
(Rauschende Musik.)

Hagen.
Hätt' ich nur einen Schild!

Rüdeger.
Dir fehlt der Schild?
An einem Schilde soll's Dir nimmer fehlen,
Hier ist der meinige.
(Reicht Hagen seinen Schild, während Hildebrant ihm den seinigen wiedergibt.)
Musik! Musik!
Schlagt an die Panzer, rasselt mit den Speeren,
Ich habe jetzt das letzte Wort gehört!
(Tritt mit den Seinigen in den Saal. Kampf.)

Dreizehnte Scene.

Etzel.
Bringt mir den Helm!

Hildebrant (in den Saal schauend, ballt die Hand gegen Kriemhild).
Du, Du!

Kriemhild.
Wer ist gefallen?

Hildebrant.
Dein Bruder Gerenot.

Kriemhild.
Er hat's gewollt.

Hildebrant.
Was ist das für ein Licht, das mich so blendet?
Ich seh' nicht mehr! — Der Balmung! — Hagen schreitet
In einem Meer von Funken, wo er haut;
In Regenbogenfarben tanzen sie
Um ihn herum und beißen in die Augen,
Daß man sie schließen muß. Das ist ein Schwert!
Es schlägt die tiefsten Wunden und es macht
Sie unsichtbar durch seinen Blitz. Jetzt hält
Der Schnitter ein! Wie steht's? der hat gemäht!
Nur wenig Halme heben noch ihr Haupt.
Auch Giselher —

Kriemhild.
Was ist mit Giselher?
Hildebrant.
Er liegt.
Kriemhild.
Er liegt? Nun wohl, so ist es aus.
Hildebrant.
Der Tod hat wieder Odem und es bricht
Von Neuem los. Wie wüthet Rüdeger!
Der löst den Eid so treu, als thät' er's gern,
Doch ist er jetzt schon ganz allein!
Kriemhild.
So hilf!
Hildebrant.
Man schlägt die Nibelungen ohne mich! —
Dankwart, Du lehnst Dich müssig in die Ecke,
Statt Deine Pflicht zu thun? Siehst Du's denn nicht,
Daß Volker stürzt? — Ach, er hat guten Grund,
Die Mauer hält ihn aufrecht, nicht der Fuß,
Der ihn durch tausend schwere Kämpfe trug! —
O Gott!
Kriemhild.
Was gibt's?
Hildebrant.
Sie liegen Brust an Brust!
Kriemhild.
Wer?
Hildebrant.
Rüdeger und der Tronjer!
Kriemhild.
Schmach und Tod!
Hildebrant.
Spar' Dir den Fluch! Sie waren Beide blind
Vom angespritzten Blut und tasteten
Herum, um nicht zu fallen.
Kriemhild
Da verzeih' ich's.

Hildebrant.
Jetzt wischen sie die Augen, schütteln sich,
Wie Taucher, küssen sich und — Willst Du mehr,
So steige selbst herauf und schau hinein.
Kriemhild.
Was könnt' es nun noch geben, das mich schreckte!
(Steigt empor.)

Hagen (ihr entgegen, als sie die Treppe halb erstiegen hat).
Der Markgraf Rüdeger bittet um sein Grab!

Etzel (greift nach dem Helm, den ihm ein Diener reicht).
Nun ist's an mir und Keiner hält mich mehr!
Dietrich.
Es ist an mir, der König kommt zuletzt.
(Geht in den Saal.)
Hildebrant.
Dem Herrn sei Preis und Dank! Die Kraft der Erde
Ward in zwei Hälften unter uns vertheilt,
Die eine kam auf all die Millionen,
Die and're kam auf Dietrich ganz allein.

Vierzehnte Scene.

Dietrich (bringt Hagen und Gunther gefesselt).
Da sind sie!

Hagen (deutet auf seine Wunden).
Alle Hähne steh'n schon auf,
Man braucht nicht erst zu dreh'n.
Gunther.
Ich möchte mich
Ein wenig setzen. Gibt's hier keinen Stuhl?

Hagen (wirft sich auf Hände und Füße nieder).
Hier, edler König, hier, und einer, der
Dir selbst sogar gehört.
Dietrich.
Begnadigt sie
So weit, daß Ihr's dem Tode überlaßt,
Ob er ein Wunder dulden will.

Etzel.
                    Sie sollen
Bis morgen sicher sein! Dann steht's bei ihr!
Führt sie in's Haus.
            (Hagen und Gunther werden abgeführt.)
            Kriemhild.
                Herr Hagen Tronje, hört!
        Hagen (kehrt um).
Was wollt Ihr, Frau?
            Kriemhild.
                Sogleich! — Ist König Etzel
Der einz'ge Hennenrecke, der noch lebt?
            (Deutet auf den Todtenwinkel.)
Mir däucht, dort rührt sich was!
        Etzel.
                    Ja wohl! Ein Zweiter
Kriecht mühsam aus dem Todtenberg hervor,
Er braucht sein Schwert als Krücke.
            Kriemhild.
                    Tritt heran,
Verstümmelter, wenn die gebrochnen Glieder
Dich tragen wollen, daß ich Dich bezahle,
Denn ich bin Deine Schuldnerin!
        Ein Heune (tritt heran).
        Kriemhild.
                Herr Hagen,
Wo ist der Hort? Ich frag' das nicht für mich,
Ich frag's für diesen Mann, dem er gehört.
            Hagen.
Als ich den Hort versenkte, mußt' ich schwören,
Ihn keiner Menschenseele zu verrathen,
So lange Einer meiner Kön'ge lebt.
        Kriemhild (heimlich zu dem Heunen).
Kannst Du das Schwert noch brauchen? Nun, so geh'
Und haue den gefang'nen König nieder
Und bringe mir sein Haupt.
        Heune (winkt und geht).
                        17*

Kriemhild.
                    Der Schuldigste
Von Ute's Söhnen soll nicht übrig bleiben,
Das wär' ein Hohn auf dieses Weltgericht!
Henne (kommt mit Gunther's Haupt zurück).
           Kriemhild (deutet darauf).
Kennst Du dieß Haupt? Nun sprich, wo ist der Hort?
                Hagen.
Da ist das Ende! Wie ich's mir gedacht!
             (Klatscht in die Hände).
Unhold, ich hab' Dich wieder überlistet,
Nun ist der Ort nur Gott und mir bekannt,
Und Einer von uns Beiden sagt's Dir nicht.
              Kriemhild.
Dann, Balmung, leiste Deinen letzten Dienst!
(Reißt ihm den Balmung von der Seite und erschlägt ihn, ohne daß er
                   sich wehrt.)
             Hildebrant.
Kommt hier der Teufel doch noch vor dem Tod?
Zurück zur Hölle!
              (Er erschlägt Kriemhild).
               Dietrich.
             Hildebrant!
             Hildebrant.
                     Ich bin's.
                Etzel.
Nun sollt' ich richten — rächen — neue Bäche
In's Blutmeer leiten — Doch es widert mich,
Ich kann's nicht mehr — mir wird die Last zu schwer —
Herr Dietrich, nehmt mir meine Kronen ab
Und schleppt die Welt auf Eurem Rücken weiter —
               Dietrich.
Im Namen dessen, der am Kreuz erblich!

Anmerkungen.

Die Nibelungen-Trilogie erschien 1862. Sie war mit nachstehender Bemerkung versehen:

„Dieß Trauerspiel wurde unter der genialen Leitung und liebevollen Pflege Franz Dingelstedt's gleich nach seiner Vollendung in Weimar zur Darstellung gebracht, und zwar die ersten zwei Abtheilungen: „Der gehörnte Siegfried" und „Siegfried's Tod" zuerst am 31. Januar 1861, alle drei zusammen aber, mit „Kriemhild's Rache" abschließend, am 16. und 18. Mai d. J., und zwar mit dem vollständigsten Erfolg. Den Bühnen gegenüber ist es Manuscript; weitere Aufführungen stehen zunächst in Berlin und Schwerin bevor."

Im Nachlasse des Dichters fand sich ein Vorwort zu den „Nibelungen", das hier zum ersten Male mitgetheilt wird.

An den geneigten Leser.

Der Zweck dieses Trauerspiels war, den dramatischen Schatz des Nibelungen-Liedes für die reale Bühne flüssig zu machen, nicht aber den poetisch-mythischen Gehalt des weitgesteckten alt-nordischen Sagen-Kreises, dem es selbst angehört, zu ergründen, oder gar, wie es schon zum Voraus auf eine jugendliche, vor bald zwei Decennien publicirte und überdieß noch arg gemißdeutete Vorrede hin in einer Literatur-Geschichte prophezeit wurde, irgend ein modernes Lebens-Problem zu illustriren. Die Gränze war leicht zu treffen und kaum zu verfehlen, denn der gewaltige Schöpfer unseres National-Epos, in der Conception Dramatiker vom Wirbel bis zum Zeh, hat sie selbst haarscharf gezogen und sich wohl gehütet, in die Nebel-Region hinüber zu schweifen, wo seine Gestalten in Allegorien umgeschlagen und Zaubermittel an die Stelle allgemein gültiger Motive getreten wären. Ihm mit schuldiger Ehrfurcht für seine Intentionen auf Schritt und Tritt zu folgen, so weit es die Verschiedenheit der epischen und dramatischen Form irgend gestattete, schien dem Verfasser Pflicht und Ruhm zugleich, und nur bei den klaffenden Verzahnungen, auf die der Geschichtschreiber unserer National-Literatur bereits mit seinem Sinn und scharfer Betonung hinwies, ist er nothgedrungen auf die älteren Quellen und die historischen Ergänzungen zurückgegangen.

Es ist nämlich gar nicht genug zu bewundern, mit welcher künstlerischen Weisheit der große Dichter den mystischen Hintergrund seines Gedichts von der Menschenwelt, die doch bei oberflächlicher Betrachtung ganz darin verstrickt scheint, abzuschneiden gewußt, und wie er dem menschlichen Handeln trotz des bunten Gewimmels von verlockenden Riesen und Zwergen, Nornen und Walkyrien seine volle Freiheit zu wahren verstanden hat. Er bedarf, um nur die beiden Hauptpunkte hervorzuheben, auf der einen Seite zur Schürzung des Knotens keiner doppelten Vermälung seines Helden und keines geheimnißvollen Trunks, durch den sie herbeigeführt wird; ihm genügt als Spiralfeder Brunhild's unerwiederte Liebe, die eben so rasch unterdrückt, als entbrannt und nur dem tiefsten Herzenskenner durch den voreiligen Gruß verrathen, erst der glücklichen Nebenbuhlerin gegenüber wieder als Neid in schwarzen Flammen auflodert und ihren Gegenstand auf alle Gefahr hin nun lieber dem Tode weiht, als ihn dieser überläßt. Er überschreitet aber auch, obgleich ihm dieß oft und nicht ohne anscheinenden Grund vorgeworfen wurde, auf der andern Seite bei der Lösung des Knotens eben so wenig die Linie, wo das Menschliche aufhört, und das tragische Interesse erlischt, ja er wagt sich noch lange nicht so weit, wie Aeschylos in seiner Klytämnestra, die, von neuen Begierden aufgeregt, weit mehr oder doch wenigstens eben so sehr durch ihren heimtückischen Mord den Besitz des errungenen zweiten Gatten vertheidigt, als die Manen der hingeschlachteten Tochter sühnt. Denn, wie Kriemhild's That uns auch anschauern mag: er führt sie langsam Stufe nach Stufe empor, keine einzige überspringend und auf einer jeden ihr Herz mit dem unendlichen, immer steigenden Jammer entblößend, bis sie auf dem schwindligen Gipfel anlangt, wo sie so vielen mit bittrem Schmerz gebrachten und nicht mehr zurückzunehmenden Opfern das letzte, ungeheuerste noch hinzufügen, oder zum Hohn ihrer dämonischen Feinde auf den ganzen Preis ihres Lebens Verzicht leisten muß, und er söhnt uns dadurch vollkommen mit ihr aus, daß ihr eigenes inneres Leid selbst während des entsetzlichen Rache-Acts noch viel größer ist, als das äußere, was sie den Anderen zufügt.

Alle Momente des Trauerspiels sind also durch das Epos

selbst gegeben, wenn auch oft, wie das bei der wechselvollen Geschichte des alten Gedichts nicht anders sein konnte, in verworrener und zerstreuter Gestalt oder in sprödester Kürze. Die Aufgabe bestand nun darin, sie zur dramatischen Kette zu gliedern und poetisch zu beleben, wo es nöthig war. Auf diese hat der Verfasser **volle sieben Jahre***) Arbeit verwandt und die in Weimar Statt gefundene Darstellung bewies, daß er seinen Zweck nicht verfehlt hat, denn Franz Dingelstedt's geniale Leitung erreichte mit Kräften, die zum größeren Theil doch nur für bescheidene gelten können, einen Erfolg, der das Schicksal des Stücks auf allen Bühnen sicher stellt, wo man ihm mit gutem Willen entgegen kommt, da das moderne Virtuosenthum mit seinen verblüffenden Taschenspielereien nicht den geringsten Antheil daran hatte. Weitere Aufführungen in Berlin und Schwerin stehen bevor. Der geneigte Leser aber wird gebeten, auch in dem Trauerspiel hinter der „Nibelungen Noth" Nichts zu suchen, als eben „der Nibelungen Noth" selbst, und diese Bitte freundlichst mit den Umständen zu entschuldigen.

---

*) Friedrich Hebbel's Tagebücher, Bd. 2, S. 424, 482, 512:

„Ich fange an, mich ernstlicher mit den Nibelungen zu beschäftigen, mit denen ich bisher in Gedanken nur spielte. Der erste Act (von zehn vermutlich) wird bald fertig sein und verspricht eine gute Exposition (d. 18. October 1855). —

„Eben, Abends 7 Uhr, schreibe ich die letzten Verse des fünften Acts von Kriemhilds Rache nieder. Draußen tobt das erste Frühlings=Gewitter sich aus, der Donner rollt und die blauen Blitze zucken durch das Fenster, vor dem mein Schreibtisch steht. Beendet, wenn nicht vollendet" (d. 22. März 1860). —

„Der erste Band der Nibelungen = Trilogie ist gedruckt; noch immer beschäftigt mich der zweite, wenn auch nur in Kleinigkeiten" (d. 30. Januar 1862).

D. H.

Druck von Hesse & Becker in Leipzig

Original en couleur

NF Z 43-120-8

www.ingramcontent.com/pod-product-compliance
Lightning Source LLC
Chambersburg PA
CBHW050337170426
43200CB00009BA/1624